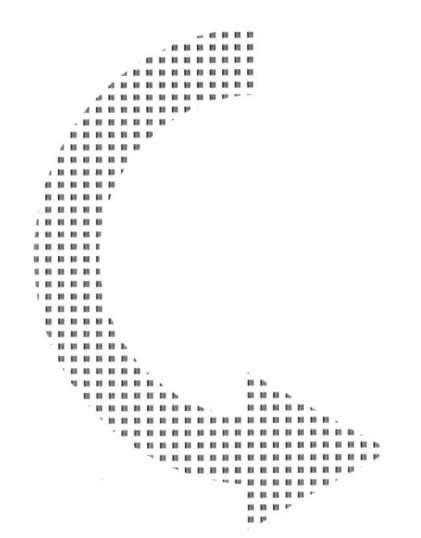

重新定义战略管理

吕方兴 ◎ 著

人民东方出版传媒
东方出版社

图书在版编目（CIP）数据

重新定义战略管理 / 吕方兴著 . -- 北京 : 东方出版社 , 2025.4.
ISBN 978-7-5207-4132-3
Ⅰ . F272.1
中国国家版本馆 CIP 数据核字第 2025B83J52 号

重新定义战略管理
CONGXIN DINGYI ZHANLÜE GUANLI

作　　者：	吕方兴
责任编辑：	申　浩
出　　版：	东方出版社
发　　行：	人民东方出版传媒有限公司
地　　址：	北京市东城区朝阳门内大街 166 号
邮　　编：	100010
印　　刷：	鸿博昊天科技有限公司
版　　次：	2025 年 4 月第 1 版
印　　次：	2025 年 4 月第 1 次印刷
开　　本：	660 毫米 ×960 毫米　1/16
印　　张：	13.75
字　　数：	116 千字
书　　号：	ISBN 978-7-5207-4132-3
定　　价：	68.00 元
发行电话：	（010）85924663　85924644　85924641

版权所有，违者必究
如有印装质量问题，我社负责调换，请拨打电话：（010）85924602　85924603

前言

战略管理的四大难题

对于一家企业来说，战略管理极其重要。

战略管理，是企业的统领型管理，战略管理统领着企业各职能管理；是企业的组织目标管理；又是企业的业绩增长管理；还是企业的组织绩效管理。

战略管理做得好不好，将决定企业能否顺利达成战略目标，最终决定绩效的好坏。

然而，企业在诸多战略管理实践中，经常遇到各种各样的问题，综合起来主要有以下四大难点：

1. 战略与执行脱节

企业的战略与执行往往是两张皮，负责战略规划的是一拨人，负责战略执行的是另一拨人。规划战略的人，责怪执行战略的人执行不到位、执行力不行；执行战略的人，则埋怨规划战略的人规划的战略不清晰、不具体，抑或不切实际、没法执行。

2. 业绩增长难

企业业绩的增长，往往是依靠营销团队或个人层面的战术性增长，而不是组织层面、发挥组织作用及力量的战略性增长。因此，增长数量及比例有限，很难实现几何倍数抑或指数级的企业业绩增长。

3. **组织协同难**

企业的战略目标难以完全层层分解到一线员工，组织上下目标关联性较弱，很多员工看不到自己的日常工作与企业的战略有什么关联，组织上下协同困难。企业战略目标分解时横向关联性较弱，各部门制订各自工作目标和计划，很难考虑到与其他部门的目标和计划之间的关联，组织横向协同困难。

4. **绩效管理失效**

大部分企业做的是事务性（日常性）绩效管理，而非战略性绩效管理，绩效管理与企业战略脱节，未能很好地承接企业战略，不仅严重影响企业战略目标的达成，结果还可能造成虽然部门或个人的绩效目标达成了，但是企业战略目标没能达成的尴尬局面。

另外，对于大家经常说的"战略落地难"问题，在这里，即是战略与执行脱节、业绩增长难、组织协同难与绩效管理失效四大难题的集中体现。这四大难题若能解决，战略落地难的问题也就迎刃而解。

对上述四个问题，如果解决得不好，将会严重阻碍企业战略目标的达成，进而影响企业最终的绩效。

那么，如何才能帮助企业解决上述难题呢？

笔者自十余年前创作《1张图目标管理》之后，又经过多年的战略管理实践，融合中西方战略智慧，重新定义了战略及战略管理，创建了全新的战略管理模型，目的就是帮助企业解决战略与执行脱节、业绩增长难、组织协同难、绩效管理失效这四大战略管理难题。

鉴于应用这套全新的战略管理模型取得的实际效果，过去一些年获得了众多企业客户及学员的认可，以及更多企业迫切需要解决这些难点问题的实际，笔者特将多年积累的经验及心得凝结成此书——《重新定义战略管理》，希望能帮助到更多企业及个人。为了让大家更容易阅读、掌握和操作，笔者在此书中不仅给出了最新的战略管理思想及模型，还分享了许多具体方法、工具及表格。

面对诸多企业战略管理的现状及需求，笔者深切感受到企业对战略落地与业绩增长的强烈渴求，深知自己肩负责任的重大，希望能够通过自己的不断努力，帮助更多的企业及个人获得持续性成长。

目 录

第一部分　问题分析篇

第一章　战略与执行脱节　003
中国特色的 CEO　005
老板的痛　007
战略与执行的争论　011
为什么战略与执行会脱节　013
王阳明的知行合一　015

第二章　业绩增长难　019
企业第一要务　021
增长维艰　023
是什么限制了我们的增长　025
从 CEO 到 CGO　028
战略性与战术性增长　030

第三章　组织协同难　　　　　　　　　　033

　　组织协同现状　　　　　　　　　　　035

　　老板的"平衡术"　　　　　　　　　038

　　一切从社会化大分工说起　　　　　041

　　积极探路　　　　　　　　　　　　043

第四章　绩效管理失效　　　　　　　　047

　　为什么是"目标"而不是"战略"　049

　　HR之痛　　　　　　　　　　　　051

　　什么是战略性绩效管理　　　　　　054

第二部分　问题解决篇

第五章　重新定义战略及战略管理　　　059

　　贵公司的战略是什么　　　　　　　061

　　战略管理初体验　　　　　　　　　065

　　一次商业之旅（一）　　　　　　　068

　　一次商业之旅（二）　　　　　　　072

　　一次商业之旅（三）　　　　　　　075

　　一次交响音乐会　　　　　　　　　077

　　战略管理新模型　　　　　　　　　081

第六章　七大增长型思维　　　　　　　　　　085

　　思维决定行为，行为决定结果　　　　　　　087

　　增长型思维1：正向思维　　　　　　　　　089

　　增长型思维2：超越竞争　　　　　　　　　091

　　增长型思维3：由外向内看　　　　　　　　097

　　增长型思维4：拓展市场边界　　　　　　　104

　　增长型思维5：打造新的核心竞争力　　　　108

　　增长型思维6：发挥组织的作用和力量　　　111

　　增长型思维7：持续增长是一种能力　　　　113

第七章　战略规划　　　　　　　　　　　　　117

　　战略规划整体框架和内容　　　　　　　　　119

　　使命、愿景与价值观　　　　　　　　　　　121

　　环境分析　　　　　　　　　　　　　　　　123

　　增长矩阵　　　　　　　　　　　　　　　　148

　　战略制定　　　　　　　　　　　　　　　　157

第八章　战略落地　　　　　　　　　　　　　169

　　战略仪表盘　　　　　　　　　　　　　　　171

　　战略地图绘制　　　　　　　　　　　　　　179

　　作战地图绘制　　　　　　　　　　　　　　182

第九章 战略执行 187

    成立执行管理机构 189

    意愿与能力提升 191

    执行监控 202

参考文献 209

第一部分

问题分析篇

第一章

战略与执行脱节

中国特色的 CEO

出于各种原因，在国内，很多企业的 CEO（首席执行官）都是由老板自己担任的。这样一来，一系列问题就产生了：

（1）CEO 要不要考核？

——当然要。

（2）如果要考核，该如何考核？

——CEO 对企业整体绩效负责。

（3）如果 CEO 由老板担任，该怎么办？

——老板自己考核自己，这事确实有点难办。

但是，面对如何成为一位优秀的 CEO 这个问题，很多老板遇到了如下迈不过去的坎儿：

（1）如何把个人能力转化成组织能力？

（2）如何把个人行动转化成组织行动？

（3）如何把个人力量转化成组织力量？

（4）如何从经验管理转变成科学管理？

老板的个人能力很强，但是难以转化为组织的能力；老板的行动力很强，但是组织其他成员的行动力却很弱；老板的个人力量很强，但是组织的力量却很羸弱，甚至 1+1+1<3。究其原因，是这些老板并未掌握组织管理的规律。国内的很多老板都是白手起家，起初靠自己或几个人合伙，后来招兵买马建立了组织，虽然组织的功能越来越齐全了，但是这些老板对于组织管理的认识与理解并不全面和深刻，对组织的管理也多以个人经验为主，缺少正确的认知和科学的组织管理体系。

老板的痛

在我的"战略管理"职业经历中,遇到过很多老板和职业经理人(此处"职业经理人"为广义,包含企业高/中/基层各级经理人),从外部咨询顾问及老师的角度来说,我是比较了解这两个群体的。

一方面,很多老板会跟我说,"我们的管理者和员工的能力不行";另一方面,企业的职业经理人会跟我说,"我们老板的格局不高,管理能力不行"。这也许正印证了"外来的和尚好念经"和"老板才是企业的天花板"两句俗语。不管怎么说,这恰是很多企业的现状:一方面,老板不认可职业经理人;另一方面,职业经理人也不认可老板。产生这种矛盾的原因又是什么呢?

在大多数人眼中,老板是一份很光鲜亮丽的职业,但正是在这种光鲜的表面背后,隐藏着老板们的诸多不易及心酸。

在一家企业里,老板通常是孤家寡人,孤独、知音难觅、很难听到别人说真话,压力巨大、无人倾诉……有的老板,凡事亲力亲为,自己的工作无人分担,甚至还要帮下属的忙。有的老板，为了公司的发展，还得亲自跑业务，整天忙于应酬，家庭、事业、个人兴趣难以兼顾，幸福指数极低……

每当有老板同我交流并诉苦"又忙又累"的时候，我都会说："事无巨细、凡事亲力亲为，你不忙才怪呢；同时做管理者和员工的事，你不累才怪呢；你又没有三头六臂，就算有三头六臂，你的时间精力也是有限的呀。你花钱招了那么多人（管理者与员工），本该让他们替你分担，结果你却在做他们该做的事，你又图什么呢？"

也许这就是很多老板口中所说的"不是员工为老板打工，而是老板为员工打工"的无奈吧！

《道德经》中的智慧

是以圣人处无为之事，行不言之教。万物作而弗始，生而弗有，为而弗恃，功成而弗居。夫唯弗居，是以不去。

——《道德经》第二章

道常无为而无不为。侯王若能守之，万物将自化。

——《道德经》第三十七章

道生一，一生二，二生三，三生万物。

——《道德经》第四十二章

不言之教，无为之益，天下希及之。

——《道德经》第四十三章

为学日益，为道日损。损之又损，以至于无为。

无为而无不为。

——《道德经》第四十八章

老板们该如何改变现状呢？可以借助老子《道德经》中的智慧。

老板要学会处无为之事，行不言之教。那么，对于一个老板来说，什么是无为之事，什么又是不言之教？

对于老板来说，战略管理就是无为之事与不言之教，战略管理是老板的第一要务。老板不懂战略管理，就不是个好老板，就会犯很多错误，就会走很多弯路，就会对组织管理一窍不通。

战略管理是企业的统领型管理，是组织层面的管理（老板对企业整体绩效负责）。战略管理统领着企业各项职能管理，指挥着各个职能管理部门共同实现企业战略目标。同时，战略管理也是企业经营与管理的底层逻辑和重要基础。一家企业如果缺少战略管理系统，各项职能管理将失去正确的方向和坚实的基础，企业也将变成一盘散沙。另外，好的战略管理系统，能够让各项职能管理更好地各司其职，并能在符合战略管理要求的规则下有秩序地运行。

建立一个好的战略管理系统，并把自己主要的时间精力放在战略管理上，这才是一个优秀老板该做的事。只有这样，他才有可能不再凡事亲力亲为、事无巨细、陷入细节当中不能自拔，才有可能把个人能力/行动/力量转化成组织能力/行动/力量，才有可能充分发挥组织的作用及力量。

老板们只有"站在10楼看1楼""欲穷千里目，更上一层楼"，才能"会当凌绝顶，一览众山小"。战略管理，指的就是这个"10楼""更上一层楼"和"凌绝顶"。

所谓"道常无为而无不为""道生一，一生二，二生三，三生万物"，其中的"道"，既指原点又指规律，在此也即战略管理及其规律。企业的战略管理系统有了，战略管理的规律掌握了，各项职能管理也就可以各司其职、有序进行、充分发挥作用了，企业就可以不断持续向前发展了。

"损之又损，以至于无为"，指的是老板们要学会做减法，不要做加法，不要想什么事都做。在企业经营与管理过程当中，老板们要把主要精力聚焦在战略管理上，职能管理的工作就交由各职能职业经理人去做，自己则通过战略管理系统加以管控就可以了，其他更细小的事就更不需要关注，这样才能达到无为的境界。

只有拥有一个好的战略管理系统，才能解放老板，让老板能够抓大放小，无为而治，处无为之事、行不言之教，才能让组织更加有序。

抓大放小、无为而治，是每一位老板的梦想！

战略与执行的争论

战略与执行哪个更重要？

有些人说战略更重要，有些人说执行更重要，还有人说两个都重要。

"三分战略七分执行"，宁愿要"三流的战略，一流的执行"，也不要"一流的战略，三流的执行"。你是不是经常听到这种言论？

的确，在中国的管理现实中，大多数人会认为执行更重要，原因是战略执行不力是很多企业常见的现象，也是很多 CEO 的痛。大家都认为企业之所以战略执行不力，问题出在了执行力上（而不是战略的规划上），认为是员工的执行力不行。于是很多企业就会对员工进行提升执行力的培训，但是发现培训结束后并没有什么用。

事实果真如此吗？战略与执行应该有"三七""四六"的分法吗？战略与执行一定要分出哪个更"重要"吗？"三流的战略，一流的执行"就一定比"一流的战略，三流的执行"更好吗？什么是三流的战略？什么又是一流的战略呢？什么是一流的执行？什么又是三流的执行呢？

也可能，这些都只是某些人的主观想法吧！

那么，客观事实又是怎样的呢？

实际上，战略与执行是一个组合、一个整体，即战略管理。此处的战略应该理解为战略规划，执行应该理解为战略执行，战略规划与战略执行组合在一起形成了一个完整的战略管理。也就是战略规划、战略执行都是战略管理的一部分。战略（规划）≠战略管理，（战略）执行≠战略管理，战略管理＝战略（规划）+（战略）执行，大家应该把焦点放在战略管理这个整体上，而不是割裂（战略与执行）地来看待。

把战略管理当作一个整体来看待，我们就具备了系统思维。系统是一个整体，由各个部分组成，各部分之间是相互作用、相互联系的，系统表现为一种动态的变化。战略规划与战略执行共同组成了战略管理这个整体，它们同处这个共同的系统当中相互作用及关联，各自发挥着作用及价值，只是在不同的环境或阶段，各自力量对比不一样或对整体系统的影响程度不一样。

所以，对于"战略与执行哪个更重要"这样一个问题，首先，做这样的区分，价值和意义并不大；其次，在不同的企业或不同的阶段，也是完全不一样的。我们更应该关注的是这个整体、两者之间的关联及动态的变化，这才是真正的系统性思考，也只有这样才能真正地把握好整体，而不是割裂地看问题。

为什么战略与执行会脱节

在很多企业中都存在战略与执行脱节的问题。那么，要如何解决这个问题呢？

想要解决问题，先要分析原因，其次才能找到对策，然后才能对症下药，药到病除（解决问题）。

造成战略与执行脱节的原因有如下几种：

1. 战略规划与执行人为割裂

事实上，很多企业的战略规划与战略执行都被人为割裂了，即负责战略规划的是一些人，负责战略执行的则是另一些人。负责战略规划的人没考虑到执行的因素，负责战略执行的人不懂战略，就这样，战略规划与战略执行变成了两张皮，战略规划的说战略执行的执行力不行，战略执行的则说战略规划的战略不合理、没法执行，等等，结果就造成了战略规划与战略执行的严重脱节。

2. 战略规划的问题

战略与执行脱节，还有可能是在进行战略规划时就出问题了，导致无法执行或很难执行。如果战略只是一个目标，且规划的战略模糊不清或粗枝大叶，就会无法执行或难以执行。战略越清晰具体，就越容易执行；反之，就越难执行。

3. 战略与执行衔接的问题

战略与执行脱节，还有可能在于战略与执行之间衔接得不好或根本没有衔接。这个衔接是一个中间环节，即落地环节，战略如果不能从组织层面一层层分解到部门、小团队，再到个人，不能落到每一个人的具体目标及行动计划上，这样的战略就很难落地，从而造成战略与执行的严重脱节。

4. 执行不力的问题

一般情况下，当战略清晰具体，战略规划也充分考虑到了执行的要素，战略落地也很清晰时，执行则会很容易。如果这样还会出现战略与执行脱节，则执行不力就是主要原因了。

在国内的管理实践中，大多数企业战略与执行脱节都在于上述原因中的前三种，而非第四种。既能做到战略清晰具体，充分考虑执行要素，又能清晰落地的企业少之又少，这也就是大多数人会认为执行比战略更重要的原因。

针对以上原因，建议实行如下对策：一是扩大战略规划的参与者；二是制定清晰具体的战略；三是学习科学的落地方法及工具；四是提升执行力。

王阳明的知行合一

战略是"知",执行是"行"。

对于战略"知"与"行"的矛盾问题,早在500多年前,王阳明先生就一针见血地指出了,他不仅分析了真正的原因,还给出了正确的解决方法。在《传习录》一书中,他表明了自己的如下观点:

——知与行本为一体,却被古人拆解,是不得已而为之。

——知中有行,行中有知。

——知而不行,只是未知。

——知行合一,正是对症的药。

对于企业战略管理而言,这具有非常重要的现实意义:

(1)战略的"知"与"行"本来就是一体(战略管理)的,但经常被人为拆解成两个部分,也是不得已而为之。就像王阳明先生所说的,那是因为在战略管理实践中,一些人知强行弱,另一些人行强知弱,为了解决其各自问题,才有了知行的拆解,实则是无奈之举。

（2）"知中有行，行中有知。"这是告诫我们，战略规划的时候要考虑战略执行的要素，战略执行的时候要深刻理解战略规划。这也是在告诫大家，战略规划参与者范围应该扩大，不应只是老板/CEO一个人或几个高层的事，只有更多的执行者参与战略规划，战略规划才更具可执行性，执行者也才能更加理解战略，执行起来也就更加容易了。

（3）"知而不行，只是未知。"这是王阳明先生非常经典的一句话，他认为"知道了却没行动或没做好，那是因为我们还不是真正的知道"。其实，当前的战略管理实践中也大量存在这种现象，很多人认为自己知道什么是战略，但实际上却并不是真的知道。这时，我们就需要摒弃"己知"，获得"真知"。

（4）"知行合一，正是对症的药。"这就是王阳明先生为战略"知"与"行"矛盾问题开的一味良药。但要想用好这味药，就需要真正理解其中"一"的意思。这里的"一"，指的是战略管理，这就需要大家更具系统思考力。

王阳明《传习录》上篇【五】

爱因未会先生"知行合一"之训，与宗贤、惟贤往复辩论，未能决，以问于先生。

先生曰："试举看。"

爱曰:"如今人尽有知得父当孝、兄当弟者,却不能孝、不能弟,便是知与行分明是两件。"

先生曰:"此已被私欲隔断,不是知行的本体了。未有知而不行者,知而不行,只是未知。圣贤教人知行,正是要复那本体,不是着你只恁的便罢。故《大学》指个真知行与人看,说'如好好色,如恶恶臭'。见好色属知,好好色属行,只见那好色时,已自好了,不是见了后,又立个心去好;闻恶臭属知,恶恶臭属行,只闻那恶臭时,已自恶了,不是闻了后别立个心去恶。"如鼻塞人虽见恶臭在前,鼻中不曾闻得,便亦不甚恶,亦只是不曾知臭。就如称某人知孝、某人知弟,必是其人已曾行孝、行弟,方可称他知孝、知弟。不成只是晓得说些孝弟的话,便可称为知孝弟?又如知痛,必已自痛了,方知痛;知寒,必已自寒了;知饥,必已自饥了。知行如何分得开?此便是知行的本体,不曾有私意隔断的。圣人教人,必要是如此,方可谓之知,不然,只是不曾知。此却是何等紧切着实的功夫!如今苦苦定要说知行做两个,是什么意?某要说做一个,是什么意?若不知立言宗旨,只管说一个两个,亦有甚用?

爱曰:"古人说知行做两个,亦是要人见个分晓,一行做知的功夫,一行做行的功夫,即功夫始有下落。"

先生曰:"此却失了古人宗旨也。某尝说,知是行的主意,行是知的功夫;知是行之始,行是知之成。若会得时,只说一个知,已自有行在;只说一个行,已自有知在。古人所以既说一个知,又说一个行者,只为世间有一种人,懵懵懂懂地去任意做,全不解思惟省察,也只是个冥行妄作,所以必说个知,方才行得是;又有一种人,茫茫荡荡悬空去思索,全不肯着实躬行,也只是个揣摸影响,所以必说一个行,方才知得真。此是古人不得已,补偏救弊的说话,若见得这个意时,即一言而足。今人却就将知行分作两件去做,以为必先知了,然后能行。我如今且去讲习讨论做知的功夫,待知得真了,方去做行的功夫,故遂终身不行,亦遂终身不知。此不是小病痛,其来已非一日矣。某今说个知行合一,正是对病的药。又不是某凿空杜撰,知行本体,原是如此。今若知得宗旨时,即说两个亦不妨,亦只是一个;若不会宗旨,便说一个,亦济得甚事?又是闲说活。"

第二章

业绩增长难

企业第一要务

宝洁公司前 CEO 麦睿博曾提出:"对企业来说,增长是第一要务。"

拉尔夫·S.拉森(强生公司前执行总裁)对此作了进一步诠释:"增长就像纯净的氧气。它可以造就一家充满活力的公司,在这里人们可以发现真正的机会。他们能够抓住机遇,更加苦干、巧干。从这一点来看,增长不仅仅是一个最重要的财务推动力,而且是公司文化不可或缺的一部分。增长是一切企业问题解决的入口。"

现代管理学之父彼得·德鲁克则对其进行了升华:"增长仍将是一个令人向往甚至必需的企业目标……然后,不增长的企业或产业就会衰退,而管理层就更加需要为规划和管理增长制定战略。对管理层而言,仅仅嘴上说'我们需要增长'是不够的。管理层需要一个合理的增长战略。"

曾任阿里巴巴董事会主席兼首席执行官的张勇也表明了自己的观点:"种种方面带来的巨大不确定性,深刻地影响着我们。

这可能是数十年间感受到外部环境变化最为强烈的一年。面对这些巨大而深刻的变化，我们应对的基本原则是'坚定信心，积极应变，做好自己'。"

奈雪的茶创始人兼 CEO 彭心也是国内企业家的典型代表："在很难的情况下，我们也不能放弃寻找发展和增长的机会，不能放弃找到顾客更刚需的需求，然后去满足他们。"

增长是企业的第一要务。

业绩增长，是战略中的战略，是企业经营永恒不变的主题，也是每一位 CEO 工作的重中之重。

增长决定了一家企业的生存与发展。

增长维艰

近些年,由于大环境不好(国际局势、经济形势等)、客户需求减少(订单量减少)、市场竞争激烈(僧多粥少),很多企业生存压力巨大,不要说增长,就连维持现状都困难。有些企业难以为继,甚至面临倒闭的风险,有些企业则在如此残酷的竞争中倒下了,这是当前很多企业的真实写照。

有些企业,看似增长,实则伪增长。

受近年来国际局势或其他外部环境变化的影响,有些产业原材料价格频频上涨,导致在产业链层层加码,产业链上某企业的产品售价比之前高出不少。以原材料价格上涨20%、售价顺涨20%为例,原来售价2000元的产品由此变成了2400元,看似销售额增加了20%,但实际上这是个伪增长,因为当原材料价格下降时,销售额又会回落到原位。

还有些企业,是虚增长。

在竞争压力巨大的情况下,有些企业为了抢到新订单和留住老客户,采取降价或更低价的策略,有些企业甚至平价或亏钱出货，看似业绩有了增长，实则极大地牺牲了企业的利润。

大多数企业会把裁员、降本当成主要策略，但这样会影响组织氛围，没有人喜欢在一家总是强调裁员和降本的公司工作，这也会造成很严重的组织动荡和负面情绪的传递。

面对这样的市场环境，很多企业感到增长维艰。

是什么限制了我们的增长

为什么身处同一个产业、同样的环境,有做得好的,也有做得不好的?为什么即使在不好的环境里,有些企业也能获得增长?有些企业甚至能获得持续增长?

那些能增长及持续增长的企业,它们到底有哪些共通点?增长到底有没有规律可循?究竟是什么限制了我们的增长?

不识庐山真面目,只缘身在此山中。思维决定行为,行为决定结果。是我们的思维,限制了我们的增长。

1. **外部增长红利与自身能力**

在行情好的时候,很多企业尽情享受产业的红利,甚至误把外部增长红利当作自己的能力,从没想过产业不好的时候该怎么办,缺乏远见,从不未雨绸缪,不会提前预防及准备,更不会花时间精力打造自身的核心竞争力。

2. **环境决定论**

很多人持一种环境决定论,认为环境决定一切,企业面对复杂多变的环境将无力应对,只有"等死"。这也是一种典型的

"宿命论"，认为在复杂的环境面前，人将无力抵抗。持这种想法是极其消极和失败的，因为它并没有认识到人是具有主观能动性的，一旦人能够发挥自己的主观能动性，将会爆发出巨大的潜能和无穷的创造力，而企业又是由人组成的。

3. 零和竞争

很多企业热衷玩零和竞争游戏。什么是零和竞争游戏？就是你死我活，就是认为提升自己的市场份额得榨取（降低）竞争对手的市场份额，就是总想着如何把竞争对手"干死"，就是杀敌一千自损八百。零和竞争游戏是一个血腥味儿很浓的游戏，一旦人们热衷玩这样的游戏，就会陷入恶性竞争当中，彻底失去创造力。

4. 以我为中心

很多企业嘴上高喊"以客户为中心"，但实际上却是"以我为中心"，有"以产品为中心"的，有"以技术为中心"的，还有"以领导为中心"的，"以客户为中心"彻底沦为一句口号。一家信奉"以我为中心"的企业，是不可能真正得到客户青睐的，也不可能取得企业业绩的持续增长。

5. 高市场份额

有这样一些企业，过去在市场上获得了较高的市场份额，就开始不思进取、骄傲自满（都已经这么优秀了，没必要再增长业绩了）。同时，它们也会认为现在已经有这么高的市场份额，再想增长哪怕一点点都会很困难，就此失去了增长的动力。两者都会限制企业的业绩增长。

6. 坚守核心竞争力

受传统战略管理理论的影响，很多企业坚守自己的核心竞争力，对这以外的领域坚决不涉足，也不会与时俱进，打造自己新的核心竞争力（核心竞争力是动态的而非静态的）。没想到"成也萧何、败也萧何"，在新的市场环境下，自己之前所谓的核心竞争力已毫无竞争力，甚至成为企业发展的严重阻碍。

7. 市场边界是固定的

受传统产业结构分析影响，很多人会有一种固化思维，认为自己的市场边界是固定的，是由该市场所处的产业决定的。即我们身处一个既定的产业中，产业决定了我们的市场边界。但是在新的时代背景下，产业的边界越来越模糊，市场的边界也并不是固定的，我们完全可以重新定义一个市场或者开创一个全新的市场。

从 CEO 到 CGO

自 2017 年 3 月可口可乐公司（因对业绩不满）用 CGO 取代了已设置 24 年之久的 CMO 之后，越来越多的西方企业开始设立 CGO 这个职位。随后，在领英（LinkedIn）上 CGO 如雨后春笋般出现了。

受这些企业的影响，近些年，国内也有越来越多的企业开始设置 CGO 这个岗位，如宝洁（中国）、奥美（中国）、快手、每日优鲜、复星集团、长城汽车、瑞幸咖啡、宝岛眼镜等。

那么，什么是 CGO 呢？

CGO 是首席增长官，以目前的主流定义，可提炼总结为 CGO=CSO+CMO+CTO，即首席战略官、首席营销官和首席技术官的综合体，为的就是让 CGO 在新时代下，能够调动更多的资源去帮助企业实现业绩增长。另外，这也说明 CMO 对于企业业绩增长的贡献有限，当公司渴求业绩增长的时候，需要的是 CGO 而非 CMO。

那么，CGO 从何而来呢？

一个比较主流的观点，就是"CGO来自CMO"。这里就有营销学之父菲利普·科特勒的功劳，他极力主张让营销产生更大的价值，甚至在他最新出版的《营销管理（第16版）》中专门写到了"增长"这部分内容，而且篇幅不小。科特勒希望的是"从CMO到CGO"，以此来提升CMO的价值，以对企业业绩增长产生更大的贡献。

对于国内的诸多中小企业来说，谁又是CGO呢？

CEO，且只有CEO。

只有CEO才有企业整体的视角，才能成为"CSO+CMO+CTO"综合体，才能站在企业战略的高度，整合内外部资源，打破部门之间的藩篱，最终实现企业整体业绩的增长。从CEO到CGO，企业业绩的健康、持续增长，本就是CEO最重要的职责，所以每一位CEO都应该也必须是一位CGO。

战略性与战术性增长

一次,我与一位咨询同行交流。

我:"你是做什么的?"

她:"我是帮企业做业绩增长的。"

我:"你是如何做的?"

她:"客户将其销售外包给我们。"

我:"客户为什么外包给你们?"

她:"我们有强大的招聘能力和产品销售能力。"

我:"你们什么产品都能卖吗?"

她:"我们有强大的培训能力。"

我:"如果需求发生了变化,客户的产品不能满足时,你们还会继续吗?"

她:"这……"

一次,我遇到一个做服务连锁(几千家门店)的客户。

她："我们的业绩倍增系统做得很好。"

我："你们是怎么做的？"

她："我们针对单店业绩增长设计了一套培训课程。"

我："都包括哪些内容？"

她："门店获客、服务、转介绍、人员管理等。"

她："我们还会给门店做团购（引流）活动，效果很不错。"

她："我们还会……"

我："你的增长目标是什么？"

她："整体能有30%的增长就很不错了。"

我："能实现几何倍数或指数级的增长吗？"

她："这可不行……"

人员招聘、人员培训、培训课程、销售政策、营销工具、促销活动……都能带来业绩的增长，但这些属于战术性增长，靠的基本是个人或团队的力量，其增长数量及比例十分有限，只能获得一般数量级的增长，很难实现几何倍数或指数级的增长。

而战略性增长，才是企业真正需要的增长。

所谓战略性增长，是指在企业战略规划时就要根据客户需求及其变化设计出清晰的增长路径。战略性增长是组织层面的增长，靠的是组织的力量，也是战略级创新增长，往往能形成几何倍数或指数级的增长。

第三章

组织协同难

组织协同现状

一次,我为一家企业做内部(全员)调研,当我把结果展示给老板时,他看到这样两组数据:

(1)65%的人认为公司目标、部门目标和岗位目标的制定需要改善。

(2)78%的人认为各部门协作不顺畅。

他有些吃惊,脸色显得有些凝重。

也许,他困惑的有两点:一是没想到会得出这样的数据;二是组织协同这么弱,组织目标还怎么实现?

见状,我说道:"×总,国内99%的企业存在组织协同的问题,只是程度不同,比贵公司的问题更严重的还有很多呢。这是一个普遍现象,也是有方法可以解决的,您不用担心!"

这位老板的脸色才开始缓和起来。

另一家科技型企业管理岗(线下)访谈调研结果如下:

(1)组织协同比较弱,部门墙、规避责任比较常见,相关例子不胜枚举(例如品质与生产之间)。

（2）组织协同性一般，各自为政，出现问题没有做到几个部门一起解决，开会没有解决方案，开完会也不能解决。

（3）组织协同一般。

（4）组织协同较弱，责任感不强，需要老板出面解决（有些方面）。

（5）有一部分人各干各的，每个人沟通方式和结果都不一样，沟通成本会高一些。

（6）组织协同不是很顺利，岗位职责边界不清晰（扯皮）。

（7）品质、生产、工程三部门需协同作战，组织执行力有待提高。

上述组织协同领域存在的问题，都非常具有代表性，相信在您的企业中，也都或多或少存在吧！

很多企业都存在组织协同弱的问题，区别在于程度不同。组织协同性强的企业，都是极其优秀的企业，也都是企业里的佼佼者。

组织协同一般包括两个方面：一个是纵向协同；另一个是横向协同。通常更多人关注的是横向协同，即部门与部门之间的协同，也即跨部门协同。而纵向协同也同样重要，即组织—部门—小团队—个人之间的协同，也叫作上下协同，这方面的协同往往被很多人忽视。

纵向协同，是解决上下同欲的问题；横向协同，是解决左右紧密协作的问题。纵向协同的问题主要表现在：组织—部门—小团队—个人目标上下未能完全对齐。例如，组织的目标分解到业务部门很容易且关联性强，但分解到非业务部门就很难且关联性弱。横向协同的问题主要表现在：部门间的目标关联性弱，部门间协同作战弱，例如存在本位主义，部门墙严重，各自为政，互相指责、扯皮、推诿等。

组织纵向、横向协同弱，各部门各自制订目标与计划，与组织战略关联性弱，各部门各自为政，各自努力创造各自的价值，缺乏协同作战，组织内耗频现，缺乏整体性，这些是很多企业的现状。

老板的"平衡术"

"业绩这么差，都是你们销售部开发的客户数量太少。"

"业绩这么差，都是你们人力资源部招聘效率太低，很长时间招不来一个人。"

——互相指责

"客户没有收到活动通知，不是市场部的问题，市场部只负责活动策划，是销售部没有通知到位。"

"客户没有收到活动通知，应该由市场部负责，因为他们控制着公司对外信息发布的渠道。"

——互相扯皮

"这个项目应该由财务部负责，因为他们同银行打交道最多，最了解银行。"

"这个项目应该由销售部负责，因为他们更了解业务，更懂得销售。"

——互相推诿

在很多企业里，老板不得不玩"平衡术"：这边低了，就给那边加点重量；那边低了，就给这边加点重量，这样才能维持一个"平衡"状态。为什么需要"平衡"呢？因为在组织里，互相指责、互相扯皮、互相推诿的"三互"现象频出。

每当有问题出现，就会出现互相指责的现象，这个部门责怪那个部门，那个部门又责怪这个部门，互相陷入无休止的指责当中。

每当需要承担责任的时候，经常会出现互相扯皮的现象，这个部门说是那个部门的责任，与自己无关；那个部门又说是这个部门的责任，与自己无关，并总能找到与自己无关的证据。

每当要安排一项工作的时候，各部门经常会互相推诿，这个部门说应该由那个部门干，列举那个部门干好的理由；那个部门又说应该由这个部门干，也列举了这个部门干好的理由。

当各部门各执一词、僵持不下的时候，就需要老板来拍板。为了体现公平，不造成更大的矛盾，维护组织的团结，老板通常会采取"平衡"的手段加以解决。所谓平衡，就是同时给颗糖吃，或同时拍打一下。即给你一颗糖吃的同时也给他一颗糖吃，打你一下的同时也打他一下，鼓励你一下的同时也鼓励他一下，安排你做一件事的同时也安排他做一件事。

这也是老板们的无奈之举。很多老板不喜欢这样的"平衡术"，这种所谓的"平衡"能力，是一种最没效率，也最没价值的能力。当然，时间久了（没有找到更好的解决办法），有些老板也会不断"乐在其中"。

互相指责、互相扯皮、互相推诿只会不断增加组织的内耗，不断降低组织的效率，最终阻碍组织目标的实现。

依靠老板的"平衡"，一个组织是实现不了目标的；组织目标的实现，需要的是真正发挥组织的力量。

一切从社会化大分工说起

组织协同为什么这么难？

这就要从人类的社会化大分工说起。工业时代早期，还是一个人干多个人的活儿，但随着科学管理的出现，尤其是工业流水线的发明和创造，人类真正迈入了社会化大分工时代，在很多领域，社会分工越来越细，甚至出现了很多极致化的分工。社会化分工极大地提高了人们的生产力和生产效率，但随之带来的却是协同性逐渐降低。正所谓物极必反，分工越细，协作就越困难，分工细到了极致，协作也就难到了极点。至此，组织协同越来越难了。

在《管理的实践》一书中，彼得·德鲁克讲了一个经典故事。这是一个关于三个石匠的故事：有人问三个石匠"你在做什么"，第一个石匠说"我在养家糊口"，第二个石匠边敲边说"我在做全国最好的石匠活儿"，第三个石匠仰望天空、目光炯炯有神地说"我在建造一座大教堂"。

彼得·德鲁克认为，第一个石匠不是一位管理者，第三个石匠才是真正的管理者，同时他认为大多数管理者和第二个石匠一样，只关心自己的专业，他们追求的目标是"成为全国最优秀的石匠"，即不断强调和追求自己的专业水准。他认为这种努力提高专业水准的做法会带来危险，可能导致员工的愿景和努力偏离企业整体目标，而把职能性工作本身当成目的。他还认为除非加以制衡，否则部门主管追求专业水准的合理要求，将成为令企业分崩离析的离心力，致使整个组织变得十分松散，每个部门各自为政，只关心自己的专业领域，互相猜忌提防，致力于扩张各自的势力范围，而不是建立公司的事业。

专业分工越来越细，组织协同却越来越难。

那么，我们该怎么办？

积极探路

为了解决组织协同这个难题,国内外众多管理专家、学者及企业家进行了积极的探索及实践:

(1)学习型组织之父彼得·圣吉创作了《第五项修炼》,其中第五项修炼就是"系统思考",旨在帮助人们建立起整体的观念,期望能够以此改变人们的行为。

(2)BSC(平衡计分卡)的创建者罗伯特·卡普兰和大卫·诺顿,共同创作了《组织协同》,书中讲述了如何通过战略来实现组织协同。

(3)日本经营之圣稻盛和夫发明了阿米巴经营模式,就是将公司整体分割成许多被称为阿米巴的小型组织,每个小型组织作为一个独立的利润中心,按照小企业、小商店的方式进行独立经营。

(4)中国著名企业家张瑞敏创造了自主经营体管理模式,其本质和阿米巴一样,也是一种将大组织划分成自主经营、独立核算的小组织的做法。

（5）很多讲师开发了"跨部门沟通与协作"课程并进行授课，希望能够通过这样一门课程，改善及提升企业跨部门沟通的能力，打破部门墙，实现跨部门有效协作。

（6）互联网时代，有些企业还建立了自己的一整套线上流程管理系统，实现了企业流程管理线上化，并且设置了"流程管理"岗，由专人管理。

（7）近几年，随着OKR的流行，国内出现了越来越多的OKR软件公司，在它们的教育和宣传下，许多企业也开始购买和使用OKR软件。

系统思考对于组织协同而言，当然十分重要。但是，并非每一位管理者都能从企业整体思考问题，都能从企业整体利益考虑问题。也许，其中最大的障碍就是"屁股决定脑袋"和"自我利益驱使"吧！

虽然BSC的理念很好，但通过其制定企业战略，既复杂、模糊、死板，又过于追求平衡，不太适合当今的企业，更不适合中国大多数企业，尤其是中小企业。

无论是阿米巴还是自主经营体，其本质上都是把大组织划为小组织，并进行独立经营、独立核算。但是这种模式适合中国众多的中小民营企业吗？如果采用了，能很好地落地吗？

跨部门协作之所以难，真正的主要原因是沟通不畅吗？"跨部门沟通与协作"这样的课程，究竟能对跨部门协作提升起到多大的作用呢？

有能力自建一整套完整的流程管理系统的企业，本就不多；如果外购，成本又是一道坎儿；如果分散地购买不同的系统，最后在企业内又无法很好地融合在一起，体验也很差。

利用OKR软件，很多企业基本可以实现团队协同，但对于组织协同，则还根本未能实现。其原因主要在于OKR中最大的那个"O"或"KR"（组织的"OKR"）来源不明。

想要实现组织协同，必须从战略入手，这正是战略最大的作用与价值。但是还有很多人对此一无所知（本书后续会有详述，参见第五章、第八章内容）。

第四章

绩效管理失效

为什么是"目标"而不是"战略"

一次，我同一位人力资源管理专家交流：

我："×××老师，我发现您每次同客户沟通或交流的时候，总是会说到'战略目标'这个词，尤其是在说到'绩效管理'的时候。"

他："是的，'绩效管理'就是要承接企业战略的。"

我："那您为什么不用'战略'这个词，而用'战略目标'？"

他："因为讲'战略目标'，和客户会更同频些，讲'战略'难同频。"

我："那又是为什么？"

他："因为中国的很多企业没有战略，有的只是战略目标，很多企业都把战略目标当成了战略。"

我："那为什么不直接同客户说清楚什么是战略呢？"

他："那得费半天劲解释啊！而且有的客户还未必能认可并理解。"

这时，我才"恍然大悟"。也许，这也是一种面对现实的无奈吧！

事实上，我发现有很多人都会如此，讲的是"战略目标"而非"战略"。

如果把战略看成目标、把目标当成战略，试问，如此一来，绩效管理还能很好地承接企业战略吗？又该如何承接呢？难怪很多企业的绩效管理会失效啊！

正如王阳明先生所言：

"知而不行，只是未知。"企业绩效管理的失效，最根本的原因就在于企业的战略不清晰、不具体！

当一家企业没有战略，只有战略目标（一般为"销售收入"）时，企业要把战略目标直接分解到各个部门，分解到业务部门很容易（可一一对应），业务部门的目标与企业的战略目标强关联，很容易承接企业战略目标；但是要想分解到非业务部门则很困难，很难找到这种一一对应关系，基本就是靠拍脑袋或个人的理解，结果非业务部门的目标与企业的战略目标关联性就很弱，非业务部门的目标就很难承接企业战略目标。

这正是企业绩效管理失效的根源。源头错了，后面就都跟着错了。

HR 之痛

在我还是某家企业的职业经理人的时候,我曾同企业的 HR 同事进行了一次很有趣的碰撞交流:

我:"你觉得,HR 这个职业会消失吗?"

他:"你怎么会这么问?"

我:"你看,公司经常给直线经理提供'非人力资源的人力资源管理'培训,是吧?"

他:"对呀,为的是提升直线经理的人力资源管理能力。"

我:"你看呀,团队成员的选、育、用、考、留,是不是直线经理日常都在做的事?"

他:"是呀!"

我:"直线经理既学习了专业的人力资源管理知识,又进行了大量日常的实践,是不是很快就掌握了人力资源管理的技能了?"

他:"没错!"

我:"请问,当直线经理们完全掌握了HR的专业技能,HR还能做些什么呢?"

他:"……"

(当然,以上也包括绩效管理。)

我:"好在,现代人力资源管理之父戴维·尤里奇已为HR转型指明了方向(人力资源的四个新角色):成为战略合作伙伴、成为HR效率专家、成为员工支持者、成为变革推动者。"

一个真实的绩效管理沟通场景:

HR:"×××,你们部门的绩效指标设计不合理。"

业务部门负责人:"哪里不合理了?你设计下给我看?"

HR:"我们的建议是……"

业务部门负责人:"是你懂业务,还是我懂业务?"

HR:"你们的绩效目标,制定得也不合理。"

业务部门负责人:"你认为该怎么定?"

HR:"我们认为……"

业务部门负责人:"是你懂市场,还是我懂市场?要不,这个市场你来做?"

HR:"……"

在很多企业里，面对这样一位"强势"的业务老大，大部分 HR 都一筹莫展。

尽管在学术界和专业领域，人力资源管理专家们多次强调，绩效管理不同于绩效考核，绩效考核只是绩效管理的一部分，但是很多企业连绩效考核都没做好，更别提绩效管理了。

尽管专家们也反复强调，绩效管理主要是直线经理的职责，HR 只是规则制定、辅助及执行推进者。但实际情况是，很多企业的绩效管理工作都集中到了人力资源部，一旦绩效管理工作做得不好，往往都成了人力资源部的责任。

HR 往往成为"夹心饼"——老板和员工之间的"夹心饼"，尤其是在实施组织绩效变革时。

另外，虽然很多企业实施了绩效管理，但结果是部门或个人的绩效目标达成了，组织的绩效目标（战略目标）却没能达成，老板对此很不满意，并归咎于人力资源部门。

难怪大家都说绩效管理是人力资源管理领域的重中之重、难中之难。

什么是战略性绩效管理

一次，我同一位 HRD 学员私下交流：

我："你觉得，你们做的是战略性绩效管理吗？"

他："不是。"

我："为什么？"

他："我们老板的战略不清晰。"

我："为什么？"

他："他不太关注。"

我："你认同战略的重要性吗？即一家企业需要先有战略。"

他："认同，非常认同！"

我："你了解企业战略管理吗？"

他："有过学习和了解。"

我："都有哪些？"

他："对 MBO、BSC、BLM、OKR 都有接触及了解。"

我："你觉得你能在你的企业推动战略性绩效管理吗？"

他："很难！"

我："为什么？"

他："我影响不了老板。"

我："你试过？"

他："试过很多次！"

我："为什么影响不了？"

他："因为自身角色问题，老板一般很难会听下属跟他讲战略的。"

我："那你怎么办？"

他："只能听老板的呀！"

我："做的都是事务性人力资源管理工作，你有什么感受？"

他："有时觉得毫无成就感，但又很无奈……"

这可能是大多数 HR 的现状吧！

企业绩效管理失效主要表现在以下两个方面：一是战略（组织）、部门、小团队、个人目标难对齐，部门之间目标难协同；二是战略（组织）目标未达成或达成很差。

"绩效管理的本质是什么？"在我的战略管理课堂上，我每次都会问学员这样一个问题。

"绩效管理的本质就是承接企业战略。"通常我会这样回答，并补充道，"同时也是企业战略落地的一个重要抓手。"

如果企业的绩效管理都是事务性的绩效管理，而非战略性的绩效管理，那么，企业的战略目标将很难实现。

企业的绩效管理失效，都是 HR 的责任吗？

在大型企业，战略性绩效管理一般由战略发展部门来负责，事务性绩效管理一般由 HR 部门来负责。

而在中小型企业，这些都由 HR 部门来负责。也就是说，HR 部门既要负责战略性绩效管理，又要负责事务性绩效管理。这对他们来说不可谓不难。

大部分企业的 HR，做的都是事务性的绩效管理工作，其原因有三：第一，有些 HR 对战略性绩效管理认识不足；第二，有些 HR 想做战略性绩效管理，但无力推动或影响力较弱；第三，老板对战略不重视，企业没有战略，或只有个目标，又或者有战略却也模糊不清。

为了解决企业绩效管理失效这个难题，需要重点关注以下 3 点：

第一，HR 要加强自身对战略性绩效管理的学习及加深对战略性绩效管理的理解。

第二，老板要关注企业的战略，并制定出清晰具体的战略。

第三，战略性绩效管理是公司整体的事。

第二部分

问题解决篇

第五章

重新定义战略及战略管理

贵公司的战略是什么

每次给老板或给职业经理人讲授战略管理时,我都会问学员这样一个问题:"贵公司的战略是什么?"每次学员们的回答都五花八门。

"我们公司的战略,是明年销售额达×××亿元。"

"我们公司的战略,是明年开店数量达×××家。"

"我们公司的战略,是成为产业头部企业,成为产业第一名。"

"我们公司的战略,是致力于成为×××产业的领导者。"

"我们公司的战略,是不断创新、追求卓越。"

"我们公司的战略,是全心全意为客户服务。"

"我们公司的战略,是专业化、系统化、标准化、数字化。"

"我们公司的战略,是加强数字化建设。"

"我们公司的战略,是扩展新的市场。"

"我们公司的战略,是进军×××产业,扩大规模,持续发展。"

"我们公司的战略，是一份几十页纸的报告。"

"我们公司的战略，在老板的脑袋里。"

"公司的战略，我们也不太清楚。"

……

等学员们说完后，我都会问一句："大家觉得这是企业的战略吗？"很奇怪，每次学员们都很有默契，异口同声且异常坚定地说道："不是！"既然大家都认为这些不是战略，为什么还这样回答呢？

这背后的原因，是大家对企业战略有着诸多误解，在真正理解战略之前，只能按自己所误解的那样去表述。

误解一：错把目标当战略。把目标等同于战略，是很多人犯的错，也是最容易犯的错。"销售额达×××亿元""开店数量达×××家""成为产业头部企业，成为产业第一名"，这些都是战略目标，只是战略的其中一小部分，而非整个战略。

误解二：错把使命、愿景和价值观当战略。"全心全意为客户服务"是企业的使命描述，"不断创新、追求卓越"属价值观范畴，而非战略；"致力于成为×××产业的领导者"，这是企业的愿景，也非战略。

误解三：认为战略是务虚的。受"战略务虚"言论影响，很多人认为战略本身就是务虚的，要不然怎么很多战略会议会被叫作"务虚会"？因此，对于"专业化、系统化、标准化、数字化""进军×××产业，扩大规模，持续发展"这样务虚或口号式的表达，很多人自然而然地也就能接受了。

误解四：认为战略只是方向。受"战略就是方向""方向只要大致正确"等思想的影响，很多人误以为战略有个大概的方向就可以了，不需要那么精细，以致出现了"加强数字化建设""扩展新的市场"这类方向性的、模糊及笼统的表达。

误解五：认为战略是复杂难懂的。受传统咨询公司及专家学者的影响，复杂的战略分析系统、晦涩难懂和高深的专业术语、眼花缭乱且难以实际应用的各类工具，动辄几十页纸、几百万元的战略规划报告，的确会让很多人认为战略是极其高深、复杂、难懂的。

误解六：认为战略是老板的事。出于种种现实原因，很多企业老板和职业经理人都会认为，企业战略是老板一个人的事，老板负责制定战略，职业经理人团队负责执行，甚至在有些企业，连职业经理人也都从来不参与企业战略的制定，只是承担执行的角色。

误解七：认为战略可有可无。有很多企业老板和职业经理人认为，中小企业不需要战略，只要有业绩就可以，只有大企业才需要战略。甚至有一些互联网企业认为，互联网企业变化较快

（也经常在变），不需要战略，只有业务成熟的传统型企业才需要战略。

误解八：谈战略色变。一些企业曾花重金请咨询公司或顾问作了战略规划，但无法在企业真正落地与执行，战略规划报告也随即变成一沓废纸，老板"一朝被蛇咬，十年怕井绳"，从此谈战略色变，认为所有的战略都落不了地。还有一些企业老板认为战略都是务虚的，要求管理人员在公司少谈战略或禁止谈战略，专注于务实工作。

大家为什么会对战略存在这么多的误解？这些误解又会给企业带来哪些负面的影响？战略真的就是大家所理解的这样吗？真正的战略又是什么呢？……这些是值得大家共同思考的问题。

战略管理初体验

十多年前,我在一家公司负责整体运营管理工作。

一天,老板(董事长)对我说:"David,我想成立一个全新的部门——战略发展部,专门负责公司的整体战略管理工作,你有没有兴趣来负责?"

我说:"恐怕不行,战略管理对于一家公司来说很重要,可我以前从来没有独立从事过这样的工作,而且我对企业战略管理的理解也比较浅……"

老板却说:"我觉得你挺合适的……试试吧!"

最后,我只好说:"好吧,我尽力而为!"从此我就与战略管理结缘了。

同往常一样,在接受一项全新的工作之前,我都会向我的上级询问他对我将要负责工作的相关期望及具体要求。我记得,当时我的老板对战略发展部的工作提出了三点要求,也是三项重点工作内容,即企业整体战略规划与执行推进、企业经营管理体系搭建、公司重大战略性项目规划与管理。

对那时的我而言，凭借自己多年的职场经验，企业经营管理体系搭建这项工作不会太费劲，公司重大战略性项目规划与管理应该也没什么问题，然而面对公司那么多业务单位（各事业部、分/子公司）及总部各职能部门，如何开展企业整体战略规划与执行推进工作，我却感到一筹莫展，无从下手。

于是，我买来了当时市面上几乎所有的有关战略管理方面的图书开始恶补，加上之前自己职业生涯中所学习的战略管理知识，并且还听了很多老师讲的战略管理课。

一直以来，我的思考习惯都是"是什么—为什么—怎么做"，因此我首先就开始思考"什么是战略"这样的问题。可是当我看了那么多书、听过那么多课之后，我越发不知道什么是战略了。全球共有十大战略学派，每一学派对战略的定义各不相同，侧重点及观点也都不太一样。有的认为战略是一种想法或观点，有的说战略是一种模式，有的说战略是一个定位，还有的说战略是一项计谋或谋略，也有的说战略是一个计划。那么，战略究竟是什么？

对于"什么是战略管理"，我也在极力搜寻着不同的答案及表达。有的专家说"战略管理是一门关于制定、实施和评价使组织能够实现其目标的跨功能决策的艺术与科学"，有的说"战略管理是公司获得竞争优势和超额利润所必需的，由约定、决策和行动所组成的一套体系"。有的说"战略管理是一个动态的过程，包含分析、制定、执行与控制四个部分"，还有的没有正面给出描述……这些描述并没有帮助我真正理解到什么是战略管理。那么，战略管理究竟是什么？

此后，"什么是战略""什么是战略管理"这两个问题困扰了我很长一段时间，直到后来我自己完全想明白并且重新定义了它们。

一次商业之旅（一）

十多年前，在我的第一部原创作品《1张图目标管理》出版后，一家企业邀请我去讲学。讲学前一天晚上，企业的几位高管接待了我。交流过程中，他们的战略研究院院长突然说道："吕老师，能不能向您请教个问题？"

我回答道："请教不敢当，您说！"

他说："吕老师，您认为什么是战略呢？"

与其说他是请教问题，还不如说他是在考验我。众所周知，高手往往都会问最简单的问题，最简单的问题也最难回答（事物的本质往往是简单的）。好在对这个问题我在自己的脑海里已经思考过无数遍了，并且我还对它下了一个全新的定义。

"我对战略下了个定义，战略＝目标＋路径。"我不假思索地回答道，"战略就是要回答好两个问题：第一，我们要到哪里去；第二，我们如何去那里。'到哪里去'是目标的问题，'如何去'是路径的问题。"

"那么，什么是战略管理呢？"我又继续说道，"我认为战略管理就是要回答好4个问题。除了要回答好上面两个问题之外，还要回答好另外两个问题：第三，我们如何一起去那里；第四，我们如何一起去到那里。'一起去'代表着不是一个人而是一群人一起去，'一起去到'表示在既定时间内一群人一起去到那里。"

听完我的解答后，那位院长和其他几位高管都频频点头。

在讲授战略管理课程时，每次我都会向学员们讲述我对战略及战略管理所下的新定义，我发现每次都能激发他们的热情与兴趣。不仅如此，我发现这也更能加深他们对战略及战略管理的理解。

为了让学员们的理解更加深入，我在课堂上也经常会让他们一起思考两个问题：

问题1：试想一下，如果没有任何工具，让你从深圳走到北京，你觉得自己能走到吗？

对于这个问题，会有学员不假思索地说道："能！"有的学员则显得有些犹豫、无法肯定，还有些学员认为很难走到。

对于回答"能"的学员，我会追问："你肯定你能走到吗？"他们当中有的人说："能，只是时间问题。"于是我对所有人说道："我的答案是'很难'。下面我给大家分析一下原因，请大家记得我所说的前提'没有任何工具'。你要从深圳走到北京，可能会遇到以下几种情况：第一，可能你根本就不知道北京在哪儿，一不小心就往南走了，可能永远也走不到北京；第二，你知道北京在北方，所以往北走，可是刚出广东，你却一不小心拐到江西去了，也到不了北京；第三，你走到了河北，可能一不小心又往天津去了，又去了东北，也很难走到北京。"

这时，有学员则会反驳："老师，别忘了，地球是圆的。可以走到，只是时间问题。"

我接着会问："那你是不是要花很长时间才能走到？是不是可能要花一辈子才走到？是不是可能一辈子也走不到？"

学员们都会回答："是的。"

于是，对于这个问题，大家达成了共识："很难走到。"

我接着会问："如果此时给你一份从深圳到北京的路线图，你还能走到吗？"

这时，大家都会说："能！"

我接着又会问："是不是照着路线图走就可以了，是不是这样就更容易了，是不是这样就只是时间问题了？"

大家也都会说："是的。"

于是，有了这样一份路线图后，大家就都认为很容易了，只是时间问题。

我还会问："请问是照着路线图走难，还是绘制路线图难？"

大家都会说："绘制路线图难。"

问题2：你如果是一个组织的领导者，此时给了你一份路线

图（从深圳到北京），要你带领组织成员在规定的时间内走到北京。你觉得能走到吗？

有的学员说"能"，有的说"不能"，还有的说"很难"。

每次，我都会告知学员"很难"。

我向大家解释道："就算你有一份路线图，你仍然很难带领组织成员（一群人）在既定时间内走到北京。你可能会遇到以下几种情况：第一，有人可能会原地不动，他在想'我凭什么要和你一起去北京'；第二，走着走着，有人可能就在路上吵起来了，干脆就停了下来；第三，走着走着，可能有的人走得快，有的人走得慢，距离越拉越大……这样一群人就很难在既定时间内一起到达北京。"

有没有发现，就如何实现组织目标而言，以上诸多问题同我们企业里的现实问题情况极其相似，归总为如下两点：

一是企业制定了战略目标，但没有实现的路径，也没有一份路线图。

二是在实现企业战略目标的过程当中，组织协同成为最大的障碍。

那么，该如何解决这两个问题？

一次商业之旅（二）

回答完战略研究院院长的问题之后，客户企业的人力资源中心总经理又问了我这样一个问题："吕老师，您觉得 HR 要如何做才能令老板满意呢？"

原来，就在那年的前一年，华为的任正非对公司每一个部门进行年终考评打分的时候，人力资源部门得分排在全公司倒数第二，这一事件引起了全国人力资源界的热议。当时，华为可是国内公认的人力资源管理工作做得最好的公司之一，也是很多民营企业及 HR 学习的标杆与对象。可就是这样一个 HR 的学习标杆，老板却给出了全公司倒数第二的评分，一时间大家都觉得中国的 HR 工作很难做。业界出现了一些悲观情绪，认为无论 HR 怎么做，老板都很难满意。在这样的背景下，才有了上面这位人力资源管理者提出的这个问题。

对于这个问题，我是这样回答的："HR 做好三件事，老板才能满意：第一，HR 要懂战略；第二，HR 要懂业务；第三，HR 要把自己定位为服务部门。HR 懂战略，才能站在老板（企业）

的角度和高度思考问题,这就是为什么平常在企业里,老板经常会说自己的下属没高度、不能站在老板(企业)的角度思考问题。所以,一个懂战略的 HR,老板们都会喜欢的。HR 懂业务,才能更好地服务及支撑公司业务的发展,凡是有利于公司业务发展的,老板都喜欢,这也是老板关心的头等大事。HR 定位为服务部门,是每一位老板都希望看到的,老板希望 HR 在公司内能成为很好的润滑剂,能够服务及协调好每一个部门的工作,而不希望 HR 成为一个权力欲望较强的部门。"

我补充道:"那么,HR 该如何懂战略呢?第一,要了解战略的来龙去脉并熟悉战略规划的方法及工具,掌握战略的本质及规律。第二,要厘清战略与人力资源管理之间的关系,弄清什么才是真正的战略性人力资源管理(以区分日常事务性人力资源管理)。第三,弄懂如何从 HR 自身及组织的角度去推动战略的落地与执行。"

我又补充道:"HR 又该如何懂业务呢?HR 懂业务的最好方法,就是在游泳中学会游泳。有人在岸边教你 100 遍如何游泳,你自己不下水,还是学不会的。HR 懂业务的最好方法,就是自己真正地去做一回业务,陪同拜访、旁观及人员访谈都不是很好的方法,轮岗是最好的方法,但轮岗时间不能太短,一般不少于 3 个月,长的可以是几年;挂职锻炼也是比较好的方法,但要挂实职,不要挂虚职。所谓实职,就是这时你就是一个业务人员,而非HR，你需要对业绩负责、对结果负责。"

几位高管听完，频频点头。

时间过去了多年，HR在不断进化，市场环境在不断变化，企业对HR的需求、老板对HR的要求也在不断提升，人事管理—人力资源管理—HR懂业务—HR懂战略—HR懂增长，这就是HR的进化过程。HR的每一次进化，都是一次全新的蜕变。

在这里需要说明的是，（企业经营与管理的现实中）HR同营销、研发、财务等同样都是企业的不同职能。那么，对于一家企业来说，战略与职能管理之间到底是一种怎样的关系呢？在一家企业里，HR、营销、研发、财务等都是企业的不同职能，战略管理统领着各职能管理，各职能管理在战略管理统一指挥下各司其职、密切配合、协同作战，共同实现企业的战略目标。总而言之，缺少战略管理系统，企业的其他各职能管理也就失去了方向、基础、价值及自身存在的意义。

一次商业之旅（三）

回答完"HR要如何做才能令老板满意"这个问题之后，这位人力资源管理者接着又问了我一个更重磅的问题："吕老师，我们企业的战略为什么总是落不了地啊？"

这个问题问得好不好？好，非常好！我认为这个问题问得非常好，这个问题也道出了大多数企业管理者的心声！（这也是迄今为止，在战略管理领域内我遇到的最好的问题之一）

但是我并没有急于回答这个问题，而是反问了她一个问题："请问你们公司的战略是什么？"

这时，她面有难色，半晌没有应答，最后才支支吾吾地说道："我们不知道公司的战略是什么。"

接着我又问："为什么不知道呢？"

这时，她的其他同事接着我的话说道："老板没有说，没有告诉我们（这也许是很多公司的真实写照）。"

于是我就说道："战略是什么都不清楚，又何来落地一说呢？"

接着我又问道:"你们公司有没有一套高效的战略落地方法和工具呢?"

他们都摇摇头,说:"没有。"

我就又说道:"如果没有这样的方法与工具,战略又怎么能落地呢?"

众人顿时无言以对。

最后我说道:"要想战略能落地,一要有可落地的战略,即战略一定要清晰具体,越清晰具体越好落地;二要有一套科学有效的战略落地方法与工具。"

现实中,战略落不了地或难以落地,已成为当今大多数企业共同面临的难题,这也是很多企业谈战略色变的主要原因。

其实,这背后真正的原因有两点:战略不清晰具体和缺少科学的方法与工具。如果这两点都具备,战略落地就会更加容易了。

一次交响音乐会

在我的战略管理课堂上,我每次都会现场让学员们欣赏一段"交响音乐会"视频。我通常放的是《拉德斯基进行曲》那一段,3分多钟的时长。

每次视频播放完后,我都会问学员们一个问题:"从这段视频中,你学到了什么,感受到了什么,抑或悟到了什么?"

有人说:"惊叹,被震撼到了。"

有人说:"看到了一个完美的团队。"

有人说:"有一个优秀的指挥家。"

有人说:"每个演奏者都很专业。"

有人说:"有共同的目标。"

有人说:"相互信任、相互配合。"

有人说:"步调非常一致。"

……

接着,我会问:"交响乐团和我们的企业组织相比,是不是惊人地相似呢?你看啊,指挥家像不像我们企业的CEO?每一种乐器的首席演奏者，是不是就像是我们的部门负责人？而每一位乐器演奏者，是不是就像是我们的部门员工呀？"

大家都说："是的。"

我又说道："如果我们每一家企业的CEO，都能像交响乐团的指挥家一样带领组织成员如此协调一致地实现组织目标，该有多好啊！大家想不想要这样的CEO？想不想成为这样的CEO？"

学员们异口同声："想！"

于是，我又会问一个问题："一个指挥家带领着一群专业不同、风格各异的演奏者，如此协调一致，就像一个人发出声音一般，完成这样一场伟大的视听盛宴，他们是如何做到的，其中的秘诀是什么？"

有人说："他们有一个优秀的指挥家。"

有人说："他们有共同的目标。"

有人说："他们有很好的分工和协作机制。"

有人说："他们配合得很默契。"

有人说："他们平常会有很多次的练习。"

……

少数人会提到"乐谱"这个词。

是的，这个秘密就在于"乐谱"。

细心的人会发现，指挥家的面前有一张谱表，叫作"总谱"，每一位演奏者的面前也都会有一张谱表，被称为"分谱"。这总谱从何而来？懂得交响乐的人知道，一首交响乐曲的总谱是由贝多芬、莫扎特这些伟大的作曲家作曲的，总谱即许多不同乐器的谱表的汇总（或总和）。那么，分谱又是如何得来的呢？分谱则是某种乐器的谱表，是从总谱中拆分（或分解）得来的。

作曲家—指挥家—演奏者，作曲家作曲（总谱），指挥家认真研读总谱并拆分（或分解）成分谱，分发给不同乐器的演奏者，指挥家按总谱指挥，演奏者按分谱演奏，于是就在这"统一"的乐谱之下（进行指挥与演奏），交响乐团浑然形成一个整体，步调如此一致，成为最佳组织协同实践。

如果我们的企业，也能绘制出这样的"总谱"和"分谱"，是不是我们的组织协同难题就能更容易得到解决呢？我们又该如何绘制企业的"总谱"与"分谱"呢？

十多年前，当我第一次听到这首《拉德斯基进行曲》的时候，我着实被震撼到了，我惊叹世间怎么能有那样一个完美的组织。那时，我在一家企业负责战略管理的工作，正经受组织协同难题的困扰与折磨，感谢老天的眷顾，在人生的那个时候让我遇到了这首交响乐曲。正所谓一曲惊醒梦中人，我从这首交响乐曲中领悟到了交响乐团组织协同的真谛，也悟出了企业该如何创造出最佳组织协同，以及如何解决企业"组织协同"这个顽疾，并创建出了企业的"总谱"与"分谱"，即企业的"战略地图"与"作战地图"体系。

管理者就好比交响乐团的指挥家，通过他的努力、想象力和领导力，将发出各种声响的乐器组合起来变成富有生命力的和谐乐章。但是交响乐指挥家只负责诠释作品，管理者则既要扮演作曲家，也要充当指挥家。

——彼得·德鲁克《管理的实践》

几百位演奏家何以能在一位指挥（最高主管）的带领下合作无间地演奏？因为他们有一本共同的乐谱。

——彼得·德鲁克《德鲁克论管理》

现代组织的原型是交响乐团。有的交响乐团甚至会由250名成员组成，每名成员都是专家，是某种乐器一流的演奏者。无论是演奏大号的乐手还是演奏其他乐器的乐手，光靠自己的表演，是无法演奏交响乐的，只有大家共同演奏才行。交响乐之所以能演奏成功，是因为多达250名的乐团成员都有一份相同的乐谱，每一名成员都为共同的任务贡献一己之力，也正因为如此，他们在任意给定的时间，都可以共同演奏同一首曲目。

——彼得·德鲁克《知识社会》

战略管理新模型

鉴于众多企业的战略管理现状,为了更好地帮助企业解决诸多战略管理领域的问题,尤其是"战略与执行脱节"、"业绩增长难"、"组织协同难"和"绩效管理失效"四大难题,笔者经过多年的潜心研究与实践,成功创建了一套战略管理新模型(图5-1、表5-1)。

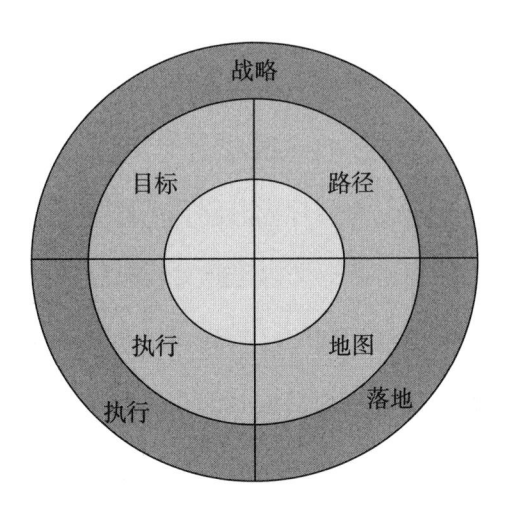

图 5-1 战略管理新模型

表 5-1 战略管理新模型（逻辑结构）

内环	中环	外环
我们要到哪里去	目标	战略
我们如何去那里	路径	
我们如何一起去那里	地图	落地
我们如何一起去到那里	执行	执行

在该战略管理新模型中，战略管理的内涵和根源是要回答好"到哪里去""如何去""如何一起去""如何一起去到"这四个问题。战略管理包括战略规划、落地与执行三大步骤，以及目标制定、路径设计、地图绘制、地图执行四大内容。

具体说明如下：

什么是战略？战略＝目标＋路径。战略就是要回答好以下两个问题：第一，我们要到哪里去；第二，我们如何去那里。

"到哪里去"是目标的问题，"如何去"是路径的问题。然而，现实是很多企业只有目标没有路径或路径不清晰具体，这样战略又如何能落地呢？目标又如何能实现呢？

关于业绩增长，前文我们已谈到，要想获得几何倍数或指数级增长，需要的是战略性的增长，即在战略规划时就要设计出业绩增长路径。

（路径设计内容，详见本书第七章。）

什么是战略管理？战略管理就是要回答好以下4个问题：第

一，我们要到哪里去（同上）；第二，我们如何去那里（同上）；第三，我们如何一起去那里；第四，我们如何一起去到那里。

"一起去"代表着不是一个人而是一群人一起去，"一起去到"表示在既定时间内一群人一起去到那里。然而，在现实中，"一群人如何一起去"却成了最大的难题，表现为组织协同异常困难，也是很多企业的痛。"一起去到"则是执行的问题。

企业可以借助"总谱"与"分谱"（向交响乐团学习）来实现组织协同。那么，企业的"总谱"与"分谱"又是什么呢？企业的"总谱"和"分谱"分别为"战略地图"和"作战地图"，在此统称为"地图"。此处的"战略地图"和"作战地图"也即是战略落地的整套方法及工具，所谓落地就是战略（含目标与路径）要能够从组织到部门再到个人，层层分解并落到每一个人的具体目标和行动计划当中，并且还要实现组织协同，这才是真正的落地。在此地图中，"战略地图"属于组织层面的，"作战地图"则属于部门与个人层面的，"作战地图"来自"战略地图"的层层分解，因此上面所说的"执行"指的是地图的执行，即指的是"战略地图"与"作战地图"的执行。

（地图绘制与执行内容，详见本书第八章、第九章。）

第六章

七大增长型思维

思维决定行为，行为决定结果

不同的人做同一件事，为什么结果却千差万别？例如，同样都是做销售的，卖的产品都一样，为什么有的人业绩很好，有的人业绩却很差？做的同样都是 HR 工作，为什么有的人干得很出色，有的人却干得很差？这背后真正的原因是什么？

是不是如果能想明白这个问题，我们就有机会培养更多优秀人才呢？

有的人认为是方法的不同，有的人认为是勤奋、努力程度的不同，有的人认为是心态的不同，有的人认为是能力高低的不同，还有的人认为是学习能力的不同……

那么，真正的原因是什么？是思维的不同。

思维—行为—结果，思维决定行为，行为决定结果。一个人的思维决定一个人的行为，一个人的行为又会决定一个人做事的结果。即一个人在做一件事情的时候，他是如何想的，就会如何去做；如何去做，就会产生如何做的结果，这就是思维决定行为、行为决定结果，也即结果的背后是行为、行为的背后是思维，所以结果好不好的根源其实是在于思维。因此，当人们在做同一件事的时候，如果思维有很大的不同，行为就会大不相同，结果也就会差异巨大。思维上的"差之毫厘"会导致结果上的"谬以千里"。

人的思维一般分为两类：正向思维与负向思维；正确思维与错误思维。

什么是正向与负向思维？即人的想法是积极乐观的，还是消极悲观的。如果是积极乐观的，就称为正向思维；如果是消极悲观的，就称为负向思维。

什么是正确与错误思维？就是人的想法与事物的客观规律的相符度，相符度越强，人的思维就越正确（正确思维）；反之，相符度越差，人的思维就越错误（错误思维）。

积极乐观的思维，导致积极乐观的行为及积极的结果；消极悲观的思维，导致消极悲观的行为及坏的结果；正确的思维，导致正确的行为及好的结果；错误的思维，导致错误的行为及差的结果。万事都有客观规律，越遵循客观规律办事，就越容易成功；反之，就越容易失败。

对于企业的业绩增长，我们也需要建立起正向及正确的思维。

增长型思维 1：正向思维

中医认为，人得病 80% 都是自己的原因，要么是习惯不好，要么是情绪问题。

大家知道，有一种越来越多的现代人得，而古代人却很少得的病，是什么病吗？是心理疾病。

有的人遇到困难、压力的时候，会产生消极悲观的想法，时间久了就渐渐患上了心理疾病。

有的人即使遇到再大的困难、压力，也都是积极乐观的想法，心理疾病沾不了他们的身。你的想法越消极悲观，心理疾病就越向你靠近；你的想法越积极乐观，心理疾病就越不能沾你的身。所以，要想心理疾病不沾身，最好的做法就是让自己永远保持积极乐观的想法（正向思维）。

一次，我去一家企业做调研。在整个调研过程当中，这家企业从上到下都向我传递了一个信息："今年我们好难啊。"老板说"今年我们好难啊"，管理者这样说，员工也这样说。如此一致，让我感到诧异。后来我意识到，这就是组织情绪。

这种负面的组织情绪是如何形成的？老板的"今年我们好难啊"情绪，传染给了管理者，管理者又传染给了员工。这种不好的情绪，归根结底又是由什么产生的？是负向思维。

不好的想法，产生了不好的感觉，不好的感觉又导致了不好的情绪。

大家可以想象一下，在一家企业里，大家如果都传递着"今年我们好难啊"这样的想法及情绪，那么这家企业还有可能获得增长吗？

西方有一个法则很有名，叫作"吸引力法则"。相信很多人对它都有所耳闻，简单用一句话描述就是"在生命中，你给出去的是什么，收回来的就会是什么"。这也非常类似物理学中的同频共振及作用力与反作用力法则，具有很强的科学性。

你给出去的如果是正向思维，你将会得到正向的结果；你给出去的如果是负向思维，你将会得到负向的结果。这就是吸引力法则起的作用。

对于企业来说，想要实现业绩增长也需要建立起正向思维。其实增长是有规律的，每一家企业都可以获得增长，也都具有增长的潜力，要相信相信的力量，相信未看见的，相信自己、相信员工，相信每个组织及个人都拥有创造力，并时刻保持着增长的正念与正能量。

增长型思维 2：超越竞争

> 善为士者，不武；
>
> 善战者，不怒；
>
> 善胜敌者，不与；
>
> 善用人者，为之下；
>
> 是谓不争之德，是谓用人之力，是谓配天古之极也。
>
> ——《道德经》第六十八章

老子的竞争观主要是"不武""不怒""不与"三个核心观点，即不崇尚武力、不动怒、不与敌对战。对于当今企业来说，这也是非常具有现实指导意义的：面对竞争对手时，不要动怒，不要硬拼或直拼。

优秀的老板不喜欢玩"零和"竞争游戏，而喜欢玩"扩大蛋糕"的游戏。

优秀的老板不喜欢制定"市场竞争"战略，而喜欢制定"市场开创"战略。

优秀的老板不是一位"红海"战略家,而是一位"蓝海"战略家。

紧盯竞争对手,这是造成企业战略同质化的根源。

紧盯客户需求,而非竞争对手,只有这样才能避免企业战略的同质化。

迈克尔·波特(《竞争战略》的作者)成功创建了三大通用竞争战略,即总成本领先战略、差异化战略、集中战略,并帮助很多企业学会了如何制定企业竞争战略。但随着市场竞争越来越激烈,W. 钱·金和勒妮·莫博涅(《蓝海战略》的作者)认为企业需要制定市场开创战略即蓝海战略,他们认为蓝海战略家具有以下几大思维特点:

第一,蓝海战略家不把产业条件看成给定的因素,而是着手去重塑它,使自己获益。

第二,蓝海战略家不寻求打败竞争对手,他们志在彻底甩脱竞争。

第三,蓝海战略家全力开创和夺取新需求,而不是去争夺现有顾客。

第四,蓝海战略家同时追求差异化和低成本,他们不是在价值和成本之间取舍,而是要鱼和熊掌兼得。

其中,对于第二个特点"蓝海战略家不寻求打败竞争对手,他们志在彻底甩脱竞争",他们是这样描述的:

很多组织都陷入了竞争的陷阱。当企业管理者将产业结构视作给定条件,他们就会去比照竞争对手,全力去超越他们的表现,以获得竞争优势。实际上,不提竞争优势的话也就谈不上什么战略了。但是一味打造竞争优势却会产生一个意想不到而又格外讽刺的效应,那就是这样做会导致模仿性市场行为,而非创造性行为。怎么会这样呢?因为它对你的组织及你所做的事的影响,比你想象的要大。

当要求管理者去获得竞争优势,管理者们有可能会怎么做呢?他们会自动地去关注竞争对手,评估竞争对手在做什么,并力图比他们做得更好。但是这样一来,他们的战略思维不知不觉间就向竞争对手的方向靠拢了。竞争,而不是买方价值,就成了战略的决定性变量。这就将组织的视野局限在产业竞争因素和现有对手共同的假设上,由此令该组织沿着既定的轨迹寻求改进。

但是你的战略是否该向这个方向推进呢?我们的研究显示,不应该。尤其是当你身处一个越来越没有吸引力的产业中时,全力打造竞争优势会分散你的注意力,让你无法改造旧产业和开创新产业。它会扼制创造力,将你禁锢在框住每一个人的常规竞争方式中。

与之形成鲜明对比的是,蓝海战略家坚决不把注意力放在打造竞争优势上,而是放在如何彻底甩脱竞争上。对竞争对手在做什么，他们并不在意。他们不认为，因为竞争对手在做一件事，这件事就值得效仿。他们念念不忘的是，如何无须营销也能赢得买方大众？为什么要加上这个设定？不是因为这些组织不像我们一样相信或使用市场营销，它们当然使用，但它们的目标是推动自身去创造强有力、人见人爱的产品或服务。正如轻奢酒店新市场空间的citizenM酒店创始人之一迈克尔·勒维所说："我们的目标就是不依靠营销去销售客房。我们要创造一种入住体验，让它为我们营销。因为人们会不由自主地推荐我们的酒店，在脸书和Instagram分享酒店的照片。"也是秉持着这种精神，史蒂夫·乔布斯毫不通融地对苹果施压，要求它去创造"好到疯狂"的产品和服务，而不是好过竞争对手的东西。当然最终，他们的确比对手的产品和服务要好。

当组织以这种方式构想战略挑战时，比照竞争对手毫无用处就变得明显了。这种新思维模式能使管理者从根本上挑战和重新考虑产业竞争和投入的要素，并寻求价值上的飞跃。虽然相对于竞争对手的渐进性改进能使你获得竞争优势，但只有价值的飞跃才能让你彻底甩脱竞争。

正是这种彻底甩脱竞争的决心能让一家组织睁大眼睛，看到产业竞争元素和买方大众心目中的价值之间的不同。奇妙的是，虽然蓝海战略家并不集中精力去打造竞争优势，但最终他们却往往获得了巨大的竞争优势。

对于企业如何超越竞争，这篇文章的价值及意义巨大。它不仅揭露了造成企业战略同质化的根源：紧盯竞争对手，依据竞争对手制定自身战略；还揭示了彻底甩脱竞争对手的办法：创建人见人爱的产品或服务，创造"好到疯狂"的产品和服务，而不是好过竞争对手的东西。

> 孙子曰：凡用兵之法：全国为上，破国次之；全军为上，破军次之；全旅为上，破旅次之；全卒为上，破卒次之；全伍为上，破伍次之。是故百战百胜，非善之善者也；不战而屈人之兵，善之善者也。
>
> 故上兵伐谋，其次伐交，其次伐兵，其下攻城。攻城之法，为不得已。
>
> ——《孙子兵法》谋攻篇

孙子的竞争观核心在两点："不战而屈人之兵""攻城之法，为不得已"。孙子认为"攻城之法"是下下策，是不得已而为之；而"不战而屈人之兵"是上上策，是竞争的最高境界。这两点给现代企业经营带来的启示是：与竞争对手硬拼是下下策，超越竞争、不竞争才是上上策。

杀敌一千，自损八百。优秀的企业，不想陷入这种恶性竞争。

优秀的企业，紧盯客户需求。

优秀的企业，避开产品的同质化。

优秀的企业，重新定义产品与市场。

优秀的企业，站在更高维度竞争。

优秀的企业，有无限的想象力与创造力。

优秀的企业，制定市场开创战略而非市场竞争战略。

竞争的最高境界是不竞争，是超越竞争，也就是不战而屈人之兵。

竞争的目的是摆脱竞争、超越竞争，竞争的最高境界是不竞争。

市场无限大，我们需要做的，就是开启我们的想象力！

增长型思维3：由外向内看

我们如果想知道企业是什么，必须先了解企业的目的，而企业的目的必须超越企业本身。事实上，由于企业是社会的一分子，因此企业的目的也必须包含在社会之中。关于企业的目的，只有一个正确而有效的定义：创造顾客。

市场不是由"上帝"、大自然或经济力量创造的，而是由企业家创造的。企业家必须设法满足顾客的需求，而在他们满足顾客的需求之前，顾客也许能感觉到那种需求。就像饥荒时渴求食物一样，不能满足的需求可能主宰了顾客的生活，在他清醒的每一刻，这种需求盘旋在他的脑海中。只有在企业家采取行动满足这些需求之后，顾客才真的存在，市场也才真的诞生，否则之前的需求都只是理论上的需求。顾客可能根本没有察觉到这样的需求，也可能在企业家采取行动——通过广告、推销或发明新东西——创造需求之前，需求根本不存在。每一次都是企业的行动创造了顾客。

是顾客决定了企业是什么。因为只有当顾客愿意付钱购买商品或服务时，才能把经济资源转变成财富，把物品转变为商品。企业认为自己的产品是什么，并不是最重要的事情，对于企业的前途和成功尤其不那么重要。顾客认为他购买的是什么，他心目中的"价值"何在，却有决定性的影响，将决定这家企业是什么样的企业，它的产品是什么，以及它会不会成功兴旺。

顾客是企业的基石，是企业存活的命脉，只有顾客才能创造就业机会，社会将能创造财富的资源托付给企业，也是为了满足顾客需求。

——彼得·德鲁克《管理的实践》

客户才是企业的衣食父母，企业的经营者要对客户有敬畏之心。

企业的事业是什么，这是由客户决定的，而不是由企业自己决定的。

企业必须满足客户的需求，才能为客户创造价值。

客户"价值"是客户真正感受到的价值，而不是企业自己所描述的那样。

企业要做客户需要的产品，而不是自己想要做的。

客户的需求，才是企业经营和管理的原点。

关注需求而非产品（技术或领导），这才是真正的以客户为中心，这才是真正的"由外向内"看企业。

而"由内向外"看企业,则是以自己为中心,即以产品、技术或领导为中心,这样做严重违背了企业经营和管理的客观规律,最终会犯致命的错误。

为什么这里强调的是需求而非价值?这是因为以下两点:

第一,需求在前,价值在后;企业要先能满足客户需求,然后才能为客户创造价值。

第二,价值是抽象的,需求才是具体的;讲概念需要抽象,实际运作则需要具体。

这就是为什么我们很多企业天天喊着为客户创造价值,但当你问它们创造哪些价值时,它却说不清道不明,也说不出具体的价值来,有的只是笼统的、抽象的或高大上、每家企业都可以用的词语。

此外,很多企业还会存在这样的问题,那就是对客户的需求停留在大概、模糊或粗糙的认识及理解上,无法将客户具体的需求清晰描述出来,同样也就很难做出客户想要的产品。

观书有感(南宋·朱熹)

半亩方塘一鉴开,天光云影共徘徊。

问渠那得清如许?为有源头活水来。

"与其为数顷无源之塘水,不若为数尺有源之井水,生意不穷。"

时先生在塘边坐,旁有井,故以之喻学云。

——《传习录》上【六九】

企业业绩增长的"源头活水"是什么?需求。对于一家企业来说,想要获得增长,要学会由外向内看,关注需求而非产品(技术或领导),需求才是增长的真正来源。

"无源之塘"的水,很快就会干涸;"有源之井"的水,则源源不断。对于企业来说,在战略选择上宁可要"有源之井",也不要"无源之塘"。"有源之井"增长源源不断,"无源之塘"不仅增长停滞,还会不断下降。在这里,有源、无源的"源"指的就是需求。

惠崇春江晚景(北宋·苏轼)

竹外桃花三两枝,春江水暖鸭先知;
蒌蒿满地芦芽短,正是河豚欲上时。

小池（南宋·杨万里）

泉眼无声惜细流，树荫照水爱晴柔。
小荷才露尖尖角，早有蜻蜓立上头。

没有一成不变的需求，客户的需求总是在不断发生着变化；每一次变化，都有可能带来一次新的增长机会。

企业需要重点关注不断变化的客户需求，只有像"先知"的鸭子、"早立"的蜻蜓那样提前感知和洞察变化的需求，才能抓住先机。

加里·哈默和C.K.普拉哈拉德（《竞争大未来》的作者）把公司分为三类：

第一类，公司想方设法把顾客引向他们不想去的地方（这些公司把顾客导向视为深刻的洞见）。

第二类，公司聆听顾客意见后，对顾客明确表达出来的需求作出反应（顾客的这些需求可能已经被更有远见的竞争对手满足了）。

第三类，公司引导顾客走向他们想去的地方，但顾客还没有形成对目的地的意识。

其中，第一类是典型的以自己为中心的企业，不考虑客户的需求；第二类是满足客户现有需求的企业；第三类是创造客户新需求的企业。

不考虑客户需求的企业，迟早会灭亡；满足客户现有需求的企业，肯定会陷入恶性竞争；不断创造出客户新需求的企业，则会有更美好的未来。

对于一家企业来说，既要满足客户现有需求，又要努力创造客户新需求。这也就是兵家所说的"守正出奇""以正合，以奇胜"。

IBM 的郭士纳是一位传奇 CEO。20 世纪 90 年代初，IBM 还是一家大型计算机企业，因为遇到了企业经营危机，于是选择郭士纳担任公司的 CEO。

在担任 IBM 的 CEO 之前，郭士纳是美国运通公司的 CEO，而美国运通公司是当时 IBM 最大的客户。也就是说，当年，IBM 请了最大客户的 CEO 来做自己的 CEO。这本身就是一件很有意思的事情（也给了我们很大的启发）。

正因为郭士纳曾是 IBM 最大客户的 CEO，所以他才最清楚 IBM 的优点与缺点，以及 IBM 的客户最想要什么。他认为：IBM 的客户需要的其实不是硬件产品，他们厌烦找多家供应商——洽谈，他们为不同供应商的产品及服务不能在 IBM 这里很好地协同起来而感到烦恼。IBM 的客户需要的是一家能把这些问题都同时解决的供应商，即整体解决方案。他还认为：客户需要的是解决方案，至于解决方案中的产品及服务，是不是全都是IBM公司生产的没关系，IBM能生产的或IBM生产比较有优势的就由IBM生产，其他的都可以外采。

由此，在郭士纳的带领下，IBM开始从硬件型公司向解决方案型公司转型，开启了新的增长之路。从卖"硬件产品"到"卖解决方案"，IBM成为"解决方案式销售"的鼻祖，后续众多企业纷纷效仿。

这个案例给了我们以下几点启发：

（1）以"由外向内"的视角看企业；

（2）了解客户的真正需求；

（3）卖产品不如卖解决方案；

（4）从客户那里招聘人员是一个好主意；

（5）客户未被满足的需求及客户的新需求，都是业绩增长的重要来源。

因此，只有以"由外向内"的视角看企业，以客户为中心，以客户需求为导向制定企业战略，企业才有可能获得持续业绩增长。

增长型思维 4：拓展市场边界

有一年夏天的某一天，我走进了一家西贝莜面村（以下简称"西贝"）吃午饭。

天气炎热，我出了一身汗，等坐下后，虽然店内有空调，但还是没有太大食欲。于是，我想看看桌上的菜单。此时，一本小小的、有点儿厚的菜单本映入我的眼帘。我拿过来一看，竟然是儿童套餐册，其中排在最前面的是 39 元和 38 元的两种套餐。我看了下介绍，相中了 39 元这款套餐，里面包含玉米羹、牛肉粒米饭、苹果片+鸡翅、小甜点、奇异果、小圣女果、红胡萝卜+花菜等几样。

"看起来还不错，反正也没什么食欲，虽然每样分量不多，但是花样多，而且牛肉粒米饭是我很爱吃的，就点它了吧！"我心里这样想着。

下单后没多久，一份儿童套餐就呈现在我的面前。不吃不知道，一吃吓一跳，我越吃越感觉好吃：玉米羹滑润细腻；牛肉粒米饭很入味；小甜点制作很用心，小小的糕点中央放少许甜料，两者融合在一起，吃起来一口一个，感觉甜中带糕、糕中带甜，很是爽口；用两片苹果片夹着烤出来的鸡翅，充满了苹果与鸡翅的双重香味，融合在一起是完全不一样的滋味；几片奇异果，甜甜的，入口即化的感觉；小小的圣女果，感觉应该是上等品，甜到心里却不腻；再加上几块小红胡萝卜、几朵小花菜。营养、色、香、味俱全了。

吃完，我才发现桌上有一张餐纸，这张餐纸背面却是一幅涂鸦，桌上还放有一个颜料盒，里面有各种颜色的颜料。原来，小朋友们吃完可以在这张纸上涂鸦，画完还可以带回家。

接着，我又看到了悬挂在空中的几幅较大的西贝暑期儿童节的海报。原来，正是在这个暑假，西贝推出了儿童套餐这个系列新品。

后来，我就成为这家店的常客，最后也就变成了熟客。

此后，我仔细观察了一下，有很多是家长带着小朋友来的，也有很多是好几个家庭一起组团来的。

有一次，我就跟他们的一位门店经理交流："你们公司的儿童套餐，应该卖得很好吧？销量应该很不错吧？"他很自豪地跟我说："卖得很好！我跟您说，这款39元的套餐产品，上市不到3个月，全国共卖出了270万—280万份，那款38元的套餐产品也卖出了170万—180万份。现在，这个数字每天还在持续上升。"

说完，他满脸笑容！听完，我也由衷地替他们感到开心！

这就是我给大家讲述的"西贝儿童套餐新品"的故事。同样，这也是一个典型的增长案例，可以供大家学习参考。从成人餐到儿童餐，西贝成功拓展了自己的市场边界，获得了业绩大幅增长。

下面我们再来看另一个经典案例：郭思达之问与胃市场份额。

郭思达刚任可口可乐董事长的时候，可口可乐在美国软饮料市场上所占的份额为 35.9%，产业排名第一。面对如此高的市场份额，可口可乐还能获得增长吗？对于这个问题，在当时，郭思达发现可口可乐内部高管人员分为两大阵营：骄傲自满的和认为难以增长的，要么是躺在过去的功劳簿上，要么是认为很难增长。就当时的情形来说，在 35.9% 如此高的市场份额下，哪怕再增长 1% 都比较困难，因为这就必须从最大的竞争对手百事可乐那里夺取，百事可乐也在想着如何获得增长。

可就在这种情况下，郭思达在可口可乐内部发起了他那著名的"郭思达之问"：

第一，全世界 44 亿人，每日人均饮品的消费量是多少？

答案是：64 盎司。

第二，在其中，人们对于可口可乐的每日平均消费量又是多少？

答案是：不到 2 盎司。

第三,我们在人们的胃中能占有多少份额呢?

答案是:3.1%。

这就是著名的"胃市场份额"理论。

35.9%与3.1%,哪个增长空间更大呢?很显然,是3.1%。

哪个增长难度更小呢?很显然,还是3.1%。

过去,可口可乐一直把百事可乐当作竞争对手,并据此制定企业战略。经过郭思达的引导,可口可乐才发现自己的对手是咖啡、牛奶、茶、水等。

后续,可口可乐根据"胃市场份额"理论制定新的战略,进入了一个又一个更大的市场。郭思达提出的几个简单的问题,就帮助可口可乐摆脱了现有竞争,扩大了市场边界,迈上了新的高增长之路。

"郭思达之问"与"胃市场份额",不仅帮助了当时的可口可乐,后续还启迪了非常多的企业。

跳出现有市场,拓展我们的市场边界,新的市场早已在我们心中。我们完全可以重塑市场或重新定义市场,扩大自己的市场边界!

增长型思维5：打造新的核心竞争力

> 知人者智，
> 　自知者明。
> 胜人者有力，
> 　自胜者强。
> 知足者富，
> 　强行者有志。
> 不失其所者久，
> 死而不亡者寿。
>
> ——《道德经》第三十三章

战略需要你的资源和能力与之相匹配。

没有相应的资源与能力，再好的战略也无法实现。

打铁还需自身硬。没有金刚钻，不揽瓷器活。企业需要持续打造自己的核心竞争力。

> 孙子曰：昔之善战者，先为不可胜，以待敌之可胜。不可胜在己，可胜在敌。故善战者，能为不可胜，不能使敌之必可胜。故曰：胜可知，而不可为。
>
> ——《孙子兵法》形篇

要想实现战略的成功，企业自身的实力必不可少。

对于企业来说，首先要让自己强大起来，变得不可战胜，最后才能战胜对手。企业只有持续不断地构建自己的核心竞争力，才能建立持续竞争力，实现企业的可持续发展。

加里·哈默和C. K.普拉哈拉德在《竞争大未来》一书中指出："一项核心竞争力就是组合在一起的各种技能与技术，它能让一家公司为顾客提供独特利益。"这句话，对于企业正确理解核心竞争力很重要：

（1）核心竞争力不是一项，可能有多项；

（2）核心竞争力是各种技能与技术的组合，而不是单一技能或技术；而这种组合是需要时间积累的，不是短期就能一蹴而就的；

（3）核心竞争力是要能满足客户利益（需求）的，即核心竞争力是为客户服务的；

（4）客户需求发生变化的时候，核心竞争力也需要相应变化。

著名管理咨询师拉姆·查兰则认为：

（1）核心竞争力的缺点在于它会助长企业自内向外的思维方式。

（2）核心竞争力是动态的而非静态的，必须根据企业的知识基础与外部环境的变化对其进行持续的重新定义。

（3）任何试图实现突飞猛进的增长轨迹的企业几乎都必须发展或找到新的核心竞争力，并且放弃或不再强调原有的核心竞争力，无论它们曾经多么重要。

（4）不能持续更新核心竞争力的企业将逐渐没落。

传统的战略管理理论告诉大家的是：核心竞争力一旦形成，将在很长一段时间内不会改变；企业不要做超出自己核心竞争力范围的事，那将很难成功。但是现在，如果还是这样想，很可能就会变成"成也萧何，败也萧何"了。人们需要重新审视企业的核心竞争力，核心竞争力不是一成不变的，而是要与时俱进的。

当市场发生变化的时候，我们需要重新打造自身的核心竞争力，以适应变化的环境！

增长型思维6：发挥组织的作用和力量

要实现企业业绩增长，不是老板/CEO一个人的事，也不是一个部门的事，需要发挥组织的作用和力量！

如何才能发挥组织的作用和力量？为此，企业需要关注并建立三大系统：战略—组织—人才，即战略决定组织，组织决定人才。

一、三大系统观念

1. 战略

要实现企业业绩的增长，需要有原动力，也需要有牵引力，还需要有清晰的增长战略。

原动力：指的是客户需求，解决企业业绩增长来源的问题。

牵引力：指的是企业使命、愿景与价值观，解决如何凝聚人心，让大家志同道合，激励人们共同前行的问题。

增长战略：解决企业业绩增长目标及具体路径，以及战略共识的问题。

2. 组织

企业业绩的增长，靠的是组织协同（纵向协同与横向协同）。缺乏协同作战，组织就难以形成整体，难以实现 1+1+1>3，就会降低组织效率、"内卷"严重，阻碍业绩增长目标的达成。企业只有建立一个强大的组织协同系统，才能有效地实现企业业绩增长。

3. 人才

企业业绩的增长，离不开组织内每一个成员的努力及实力。因此，如何激励及发展每一个成员，就显得尤为重要。建立人才激励机制及人才培养体系，是摆在企业面前的较为重要的事。

二、三大系统构建

1. 战略

建立企业使命、愿景、价值观

制定企业业绩增长战略

2. 组织

绘制形成企业业绩增长战略地图

绘制形成企业业绩增长部门作战地图

绘制形成企业业绩增长个人作战地图

3. 人才

建立及完善绩效管理体系

建立及完善人才培养体系

建立及完善长期激励机制

增长型思维 7：持续增长是一种能力

唯物辩证法的宇宙观主张从事物的内部、从一事物对其他事物的关系去研究事物的发展，即把事物的发展看作事物内部的必然的自己的运动，而每一事物的运动都和它周围的其他事物互相联系和互相影响着。事物发展的根本原因，不在于事物的外部而在于事物的内部，在于事物内部的矛盾性。任何事物的内部都有这种矛盾性，因此引起了事物的运动和发展。事物内部的这种矛盾性是事物发展的根本原因，一事物和其他事物的互相联系和互相影响则是事物发展的第二位的原因。这样，唯物辩证法就有力地反驳了形而上学的机械唯物论和庸俗进化论的外因论或被动论。

唯物辩证法是否排除事物外部的原因呢？并不排除。唯物辩证法认为，外因是变化的条件，内因是变化的根据，外因通过内因而起作用。鸡蛋因为适当的温度而被孵化为鸡崽，但温度无法使石头变为鸡崽，因为两者的本质是不同的。

两军相争，一胜一败，所以胜败，皆决于内因。胜者或因其强，或因其指挥无误，败者或因其弱，或因其指挥失宜，外因通过内因而起作用。

——《毛泽东选集》

毛泽东非常认可唯物辩证法的宇宙观，他认为：外因是变化的条件，内因是变化的根据，外因通过内因而起作用；事物发展的根本原因，不在于外因而在于内因。

业绩增长与环境无关。同样的环境下，有业绩增长的企业，也有业绩不增长的企业。同样的产业，有做得好的，也有做得不好的。

不要总是从外部找原因（外因），要学会从自身找原因（内因）。

业绩增长与什么有关？与企业的能力有关。

与什么能力有关？与业绩增长能力有关。

企业如何获得业绩持续增长？企业的业绩持续增长，是一种能力，即从变化中寻求增长（创新），全面构建"需求—战略—组织—人才"增长管理体系的能力。

通过前文，我们已经知道，需求是企业业绩增长的源泉，而客户的需求又是在不断变化的。一家企业如果想要获得持续的增长，就需要不断地把握客户变化的需求，只有不断创新，才能把握每一次增长的机会，才能让企业获得可持续增长。另外，这里所讲的"创新",主要包含两方面的意思:不断把握客户变化的需求,这本身就是一种创新;把握了客户变化的需求之后,还要能创造性地予以满足,这更是创新。

当把握住了客户不断变化的需求后,接下来就是要以客户需求为导向,制定企业业绩增长战略及推进执行。另外,关于"战略—组织—人才",在上一节中已有详解,此处不再赘述。

总而言之,企业业绩能否实现持续增长,主要取决于内因而非外因,外因通过内因起作用。企业的业绩持续增长是一种能力,企业若想要获得持续的业绩增长,就必须获得及建立这种能力,即从变化中寻求增长(创新),全面构建"需求—战略—组织—人才"增长管理体系的能力。

第七章

战略规划

战略性思考有这样几个基本步骤：第一步，不管你是在为一本小说还是企业重组作计划，你都要知道你的终点在哪里。第二步，你描绘出具体路线，制成一份地图，标出可能的陷阱以及好处。第三步，你客观地考察这份地图，找出其中的软肋，并消除或者修正它们。最后一步，做完以上各步之后，你就可以上路了。

——领导力大师　沃伦·本尼斯

战略规划整体框架和内容

战略规划的整体框架包括以下这四项内容：使命、愿景、价值观—环境分析—增长矩阵—战略（图 7-1）。

使命、愿景、价值观 ➡ 环境分析 ➡ 增长矩阵 ➡ 战略

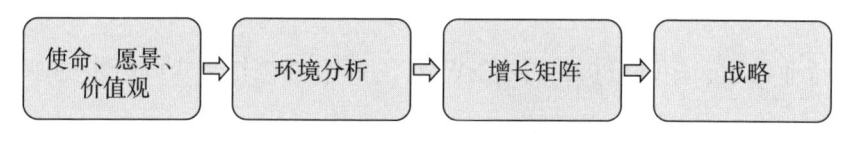

图 7-1 企业战略规划整体框架的四大内容

1.**使命、愿景、价值观**

使命、愿景、价值观，即企业战略规划总体指导思想。

2.**环境分析**

环境分析，即企业内外部环境分析+SWOT分析。外部环境分析包括宏观环境分析和产业环境分析，其中宏观环境分析包含政治、经济、社会、技术分析，产业环境分析包含上下游、同业竞争对手、新玩家、替代品分析；内部环境分析包括企业内部的资源与能力分析；SWOT分析包括机会、威胁、优势、劣势分析。

3. 增长矩阵

增长矩阵，即企业业绩增长战略矩阵。

4. 战略

战略包括企业 3—5 年战略、1 年战略。（备注：随着环境变化加剧并考虑企业现实需求，企业战略规划的周期由过去的 10—20 年变为如今的 3—5 年及 1 年）

总而言之，企业战略规划整体框架，即在企业使命、愿景、价值观的总体指导思想下，对企业所处的内外部环境进行客观、翔实的分析，再汇总形成企业的 SWOT 分析，接着还要对企业进行业绩增长矩阵分析，再在 SWOT 分析和业绩增长矩阵分析的基础上，最终制定形成企业的 3—5 年战略及 1 年战略。

使命、愿景与价值观

什么是使命、愿景、价值观？使命、愿景、价值观与战略有什么关联？它们之间又是什么关系？

使命，回答了企业为什么存在的问题。即企业为什么存在，存在的价值与意义是什么？能为他人做些什么？如果不能，这样的企业就不具备存在的意义了。

愿景，即一家企业最终想要成为的样子。愿景是企业为其遥远的未来所制定的终极目标。愿景未必能百分之百实现，但它是企业为之奋斗的方向，也是企业的理想或梦想。

价值观，是一群人共同遵守的行为准则和标准。即在一家企业内部，什么是对的，什么是错的；支持什么，反对什么。

使命、愿景、价值观是企业战略规划的总体指导思想。在构建战略规划之前，企业首先要建立及明确自己的使命、愿景及价值观。

企业的战略目标是中长期目标，而愿景是终极目标；企业的战略不能违背企业的使命；企业的战略要更有利于愿景的实现；

企业的战略要与价值观相符。

优秀的使命、愿景、价值观典范：

亚马逊企业使命：致力于为客户提供更低的价格、更优的选择以及更便捷的服务。

亚马逊企业愿景：成为地球上最以客户为中心的企业。

某科技企业价值观：把不可能变成可能。

环境分析

不出户,知天下;不窥牖,见天道。其出弥远,其知弥少。是以圣人不行而知,不见而明,不为而成。

——《道德经》第四十七章

互联网时代,信息发达,"不出户,知天下。不窥牖,见天道"已完全可以实现。企业需要的是提升自身的思考、分析、判断及认知能力。

运筹帷幄之中,决胜千里之外。

一、孙子与环境分析

孙子曰:兵者,国之大事,死生之地,存亡之道,不可不察也。

——《孙子兵法》计篇

战略,是企业的生死大事。企业一旦制定出了战略,将会倾尽所有资源(人力、物力、财力)去实施。如果战略是错的,不仅会无端消耗企业资源，还会将企业引入歧途，陷入万劫不复当中，严重者会直接导致企业的死亡。

正所谓开弓没有回头箭，战略一旦制定，企业将没有回头路，生死都将由自己决定。战略，关乎企业的生死，是企业的重中之重。

故经之以五事，校之以计，而索其情：一曰道，二曰天，三曰地，四曰将，五曰法。

道者，令民与上同意也，故可以与之死，可以与之生，而不畏危；

天者，阴阳、寒暑、时制也；

地者，远近、险易、广狭、死生也；

将者，智、信、仁、勇、严也；

法者，曲制、官道、主用也。

——《孙子兵法》计篇

夫未战而庙算胜者，得算多也；未战而庙算不胜者，得算少也。多算胜，少算不胜，而况于无算乎！吾以此观之，胜负见矣。

——《孙子兵法》计篇

故善战者，立于不败之地，而不失敌之败也。是故胜兵先胜而后求战，败兵先战而后求胜。

——《孙子兵法》形篇

对于企业来说，道——使命、愿景、价值观，指的是战略的指导思想；天——宏观环境，指的是政治、经济、社会、技术；地——产业环境，指的是上下游、同业竞争对手、新玩家、替代品；将与法——内部环境，指的是企业自身的资源与能力。天与地，为外部环境；将与法，为内部环境。

在使命、愿景、价值观总体思想的指导下，企业需要对自身所处的内外部环境进行系统、翔实的分析，只有如此才能科学地制定战略。

企业如果不能对战略做好事先的规划，将会很难打胜仗。

故曰：知彼知己者，百战不殆；不知彼而知己，一胜一负；不知彼不知己，每战必败。

——《孙子兵法》谋攻篇

凡此五者，将莫不闻，知之者胜，不知者不胜。故校之以计，而索其情，曰：主孰有道？将孰有能？天地孰得？法令孰行？兵众孰强？士卒孰练？赏罚孰明？吾以此知胜负矣。将听吾计，用之必胜，留之；将不听吾计，用之必败，去之。

——《孙子兵法》计篇

正所谓"知彼知己，百战不殆"。对于企业来说，同业竞争对手分析必不可少。分析维度，既要全面，又要抓住重点，最好能形成一张清晰的竞争对比表（表7-1），一目了然。

表7-1 竞争对比分析

类别	道	将	天地	法令	兵众	士卒	赏罚
A							
B							
C							
D							
E							

备注：
1. A为自己，B、C、D、E分别为不同的竞争对手。
2. 主孰有道？将孰有能？天地孰得？法令孰行？兵众孰强？士卒孰练？赏罚孰明？

二、诸葛亮与环境分析

隆中对

孔明笑曰："愿闻将军之志。"玄德屏人促席而告曰："汉室倾颓，奸臣窃命，备不量力，欲伸大义于天下，而智术浅短，迄无所就。惟先生开其愚而拯其厄，实为万幸！"孔明曰："自董卓造逆以来，天下豪杰并起。曹操势不及袁绍，而竟能克绍者，非惟天时，抑亦人谋也。今操已拥百万之众，挟天子以令诸侯，此诚不可与争锋。孙权据有江东，已历三世，国险而民附，此可用为援而不可图也。荆州北据汉、沔，利尽南海，东连吴会，西通巴、蜀，此用武之地，非其主不能守；是殆天所以资将军，将军岂有意乎？益州险塞，沃野千里，天府之国，高祖因之以成帝业；今刘璋暗弱，民殷国富，而不知存恤，智能之士，思得明君。将军既帝室之胄，信义著于四海，总揽英雄，思贤如渴，若跨有荆、益，保其岩阻，西和诸戎，南抚彝、越，外结孙权，内修政理；待天下有变，则命一上将将荆州之兵以向宛、洛，将军身率益州之众以出秦川，百姓有不箪食壶浆以迎将军者乎？诚如是，则大业可成，汉室可兴矣。此亮所以为将军谋者也。惟将军图之。"

言罢，命童子取出画一轴，挂于中堂，指谓玄德曰："此西川五十四州之图也。将军欲成霸业，北让曹操占天时，南让孙权占地利，将军可占人和。先取荆州为家，后即取西川建基业，以成鼎足之势，然后可图中原也。"玄德闻言，避席拱手谢曰："先生之言，顿开茅塞，使备如拨云雾而睹青天。但荆州刘表、益州刘璋，皆汉室宗亲，备安忍夺之？"孔明曰："亮夜观天象，刘表不久人世；刘璋非立业之主，久后必归将军。"玄德闻言，顿首拜谢。

《三国演义》——第三十八回　定三分隆中决策　战长江孙氏报仇

"水镜问曰:"明公何来?"玄德曰:"偶尔经由此地,因小童相指,得拜尊颜,不胜欣幸!"水镜笑曰:"公不必隐讳。公今必逃难至此。"玄德遂以襄阳一事告之。水镜曰:"吾观公气色,已知之矣。"因问玄德曰:"吾久闻明公大名,何故至今犹落魄不偶耶?"玄德曰:"命运多蹇,所以至此。"水镜曰:"不然。盖因将军左右不得其人耳。"玄德曰:"备虽不才,文有孙乾、糜竺、简雍之辈,武有关、张、赵云之流,竭忠辅相,颇赖其力。"水镜曰:"关、张、赵云皆万人敌,惜无善用之之人。若孙乾、糜竺辈,乃白面书生,非经纶济世之才也。"

《三国演义》——第三十五回 玄德南漳逢隐沦 单福新野遇英主

徽曰:"孔明与博陵崔州平、颍川石广元、汝南孟公威与徐元直四人为密友。此四人务于精纯,惟孔明独观其大略。尝抱膝长吟,而指四人曰:公等仕进可至刺史、郡守。众人问孔明之志若何,孔明但笑而不答。每尝自比管仲、乐毅,其才不可量也。"

徽笑曰:"以吾观之,不当比此二人;我欲另以二人比之。"

徽笑曰:"可比兴周八百年之姜子牙、旺汉四百年之张子房也。"

《三国演义》——第三十七回 司马徽再荐名士 刘玄德三顾草庐

曹操专权得天时，江东孙氏开鸿业；孤穷玄德走天下，独居新野愁民厄。

《三国演义》——第三十八回　定三分隆中决策　战长江孙氏报仇

玄德闻言，避席拱手谢曰："先生之言，顿开茅塞，使备如拨云雾而睹青天。"

《三国演义》——第三十八回　定三分隆中决策　战长江孙氏报仇

一家企业如果没有战略，就好比一只断了线的风筝，一艘失去航向的船只，要么原地打转，要么不知道驶向何方。

（一）外部环境分析

1. **宏观环境分析**

"自董卓造逆以来，天下豪杰并起。曹操势不及袁绍，而竟能克绍者，非惟天时，抑亦人谋也。"

2. 竞争对手分析

"今操已拥百万之众，挟天子以令诸侯，此诚不可与争锋。"

"孙权据有江东，已历三世，国险而民附，此可用为援而不可图也。"

"荆州北据汉、沔，利尽南海，东连吴会，西通巴、蜀，此用武之地，非其主不能守；是殆天所以资将军，将军岂有意乎？"

"益州险塞，沃野千里，天府之国，高祖因之以成帝业；今刘璋暗弱，民殷国富，而不知存恤，智能之士，思得明君。"

对于一家企业来说，外部环境分析包括：宏观环境分析（政治、经济、社会、技术）和产业环境分析（上下游、同业竞争对手、新玩家、替代品）。

（二）内部环境分析

"将军既帝室之胄，信义著于四海，总揽英雄，思贤若渴。"

对于一家企业来说，内部环境分析包括：资源（有形与无形资源）与能力（营销、技术/研发、生产、组织管理等）分析。

表7-2 SWOT分析

优势（Strength）	劣势（Weakness）
1. 帝室之胄 2. 信义著于四海 3. 总揽英雄 4. 思贤若渴	1. 无曹操百万之众 2. 无孙权江东之地
机会（Opportunity）	威胁（Threat）
1. 天下豪杰并起 2. 荆州非其主不能守 3. 益州刘璋暗弱	1. 今操已拥百万之众 2. 孙权据有江东

对于企业来说，外部环境分析的目的是找到外部的机会，发现外部带来的威胁。

内部环境分析的目的是找到自身的优势，发现自己的劣势。

机会、威胁、优势、劣势，共同组成了SWOT分析。

战略规划的总体原则是抓住机会、发挥优势、规避威胁、弥补劣势。

（隆中对战略，详见本章"战略制定"内容。）

早在2500多年前，孙子就在《孙子兵法》"计篇"中，告诉了我们战略环境分析的重要性以及分析框架；1800多年前，诸葛亮在《隆中对》中，告诉了我们战略环境的具体分析方法及最佳实践。

三、企业内外部环境分析模型、方法及工具

一家企业，凭借自身有限的资源与能力，在一个有限的（产业）市场空间里，整合上游供应商资源，满足客户各种需求，同时面临众多同业竞争者，而且随时可能遇到新的玩家加入竞争，还有可能遭到替代产品的毁灭性打击，甚至遭遇极其多变及不确定的外部政治、经济、文化、技术环境。

企业正是在这样一个极其复杂、多变，以及不确定的环境下，谋求生存与发展的。而这样的环境，并非只是影响一次，而是伴随着企业的全生命周期。

很多企业因抓住了市场机会，暂时或短期获得了生存与发展，但长期又遭遇了停滞、倒退，甚至突然消亡，这是常有的事。在企业实际经营过程中，昙花一现者多，能够持续发展者少之又少。

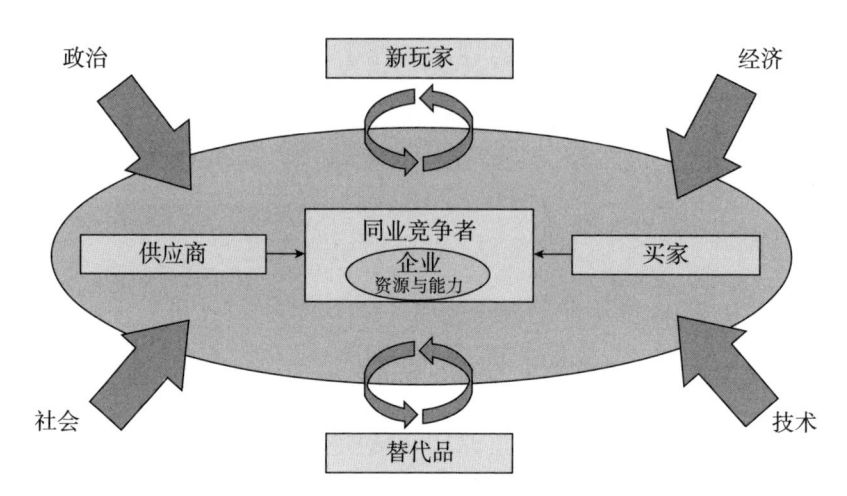

图 7-2　企业内外部环境分析模型

对于一家企业来说，想要获得持续发展，正确的战略必不可少。在规划战略的时候，需要考虑的因素较多，既要考虑企业的外部情况，又要考虑企业自身内部的情况。企业在每一次战略规划时，都需要对企业内外部环境做个全面、详细的分析，这样才能科学、正确地制定出企业自身的战略，才有可能获得持续发展。

重点说明：

（1）一家企业可以同时跨几个产业经营，企业根据实际情况，既可以一个一个产业进行分析，又可以整合为一个产业分析。（备注：本书中的产业也称行业。）

（2）在互联网时代下，即便产业融合不断提升，产业边界越来越模糊，一家企业仍然可能处在某一个或几个核心产业当中。

（3）一家企业可以重新定义/重塑一个产业或发明及创建一个全新的产业，可以对全新的产业进行分析。

（一）宏观环境分析

政治：国际与国内政治，如国际关系、地缘政治、局部战争、国家政策、产业监管、法律法规等。

经济：投资、消费、外贸，如新基建、消费需求、外贸需求等。

社会：人口、文化、环境，如出生率、老龄化、Z世代、复古风、环保等。

技术：先进的新技术，如5G/6G、人工智能（AI）、新能源、无人驾驶、再生医学等。

需要强调的两点是：

（1）对于一家企业来说，宏观环境分析是指与它所处产业及自身相关的政治、经济、社会、技术几个方面的分析。毫不相关的，则不需要分析。

（2）政治、经济、社会、技术等各方面是相互作用及关联的，其中一方的变化，可能会引起其他各方的变化。关于这一点，在分析的时候需要注意。

以俄乌冲突为例，对于某个化工细分产业来说，带来的直接影响有两方面：一是原材料短缺；二是原材料价格上涨。两者对于整个产业链上下游企业都会产生巨大的影响：一方面，原材料短缺会造成生产供应不足,产业链层层传递,最终导致终端市场供给不足;另一方面,原材料价格上涨,会造成产业链价格层层加码,到终端客户时已无力消费,消费意愿减弱,需求下降。

一边是需求下降,一边是供给不足,整个产业中的企业都会受到影响。

例如,国家出台"双减"教育政策后,校外学科类教育培训企业受到了巨大影响,基本全军覆没,即使像新东方这样的知名企业也未能幸免(后期被迫转型),但对艺术类教培企业的影响相对较小。

比如,房地产经济下滑,房地产企业普遍面临着转型,早些年万科就提出了转型,从房地产开发向物业服务转型;国家加大智慧城市、数字经济等新基建领域的投资,这对很多互联网/物联网企业来说都是机会。

再如,随着人口出生率逐年下降,月子中心、幼儿教育越来越难做;"Z世代"人群的价值观及消费观念不同于以往人群,人们对国货的需求以及环保意识的增强等,对于消费市场的影响较大;人口老龄化越来越严重,老年人的消费市场越来越大;等等。

此外,5G/6G、人工智能、新能源、无人驾驶、再生医学等新技术,也将影响很多产业和企业。

表 7-3 宏观环境分析

宏观环境分析	关键内容描述
政治	
经济	
社会	
技术	

（二）产业结构分析

在一个产业里，有五种力量会对企业产生影响：供应商、买家、同业竞争者、新玩家、替代品。其中，

供应商：有哪些上游供应商，供应商议价能力。

买家：下游客户是哪些，客户议价能力。

同业竞争者：存在哪些竞争对手，竞争优势强不强。

新玩家：新玩家会有哪些，实力强不强。

替代品：有无替代品，会是哪些，影响大不大。

某工业企业，早在其产品供不应求时，就已同下游客户共同成立产品生产合资公司，从卖产品到卖生产线，长期绑定合作，以防后期市场竞争激烈，供大于求，并且约定了合资生产线生产的产品只能销售给该投资客户的条款。对于下游客户来说，可以在供不应求时保证产品的货源；对于该企业来说，可以在供大于

求时保证自己的销量。这样"联姻"后，两者互惠互利，议价也就成为内部的事情了。

某快消品企业有一个大买家，其销量大、议价能力特别强，每隔一段时间就喜欢压一次价格。快消品企业"敢怒不敢言"，也"得罪不起"，但它对企业的利润影响很大。

近期，新能源电池很火，越来越多的企业涌入这个赛道，同业竞争者越来越多，且强弱不一。可以预见的是，这个市场将会很快变成红海，僧多粥少，恶性竞争、价格战也会随之来临。只有竞争力强的企业才有可能存活并走到最后，竞争力弱的企业将会逐渐被淘汰。

有一家做柔性复合材料的民企，其销售额在产业内位列前三，但这个细分产业的市场容量有限，且品牌集中度较低。就是这么一个分散且容量有限的市场，居然有一家不是做这个业务的上市公司（跨界竞争者）也参与进来。这家上市公司的资金实力、人员规模、管理能力远超这家民企，而且一上来就打价格战，令这家民企的老板一筹莫展。

柯达的故事广为人知。数码拍照技术最先是由柯达发明的，可柯达为了保护自己的胶卷业务而雪藏了数码拍照技术，没有发展数码相机产品，最后被别人革了命，直接消失了。亚马逊却没犯这样的错误，当杰夫·贝佐斯洞悉到电子阅读的未来趋势后，果断地让图书电商业务负责人启动 Kindle 电子阅读器这个项目，并且同他说道:"你的工作,就是要干掉自己的业务……就是要让卖纸质书的人都失业。"(这里的"卖纸质书的人",当然也包括亚马逊自己。)后来,Kindle电子阅读器这个产品,给亚马逊带来了巨大的收益。被别人革了命,叫颠覆性创新;革自己的命,那叫破坏性创新。

表7-4 产业结构分析

产业环境分析	关键内容描述
供应商	
买家	
同业竞争者	
新玩家	
替代品	

(三)客户分析

市场细分的概念,已获得众多企业的认可与推崇。市场细分的好处,对于企业来说也毋庸置疑。传统的基于人口、功能或性质的市场细分方式,已越来越不起作用了。只有基于客户需求的新的市场细分,才能成就企业。客户分析包括:

客户群：有哪几类客户，客户群如何划分。

需求：每一客户群的具体需求有哪些。

市场容量：整个市场容量是多少。

市场份额：企业占有的市场份额有多少。

增长空间：客户需求旺盛程度及增长趋势。

当耐克公司的篮球鞋（气垫篮球鞋）业务遇到增长瓶颈的时候，他们深入了解消费者需求，基于球员的不同风格，推出了两大细分市场：一个是富有侵略性风格的人群；另一个是喜欢快速、高空飞行风格的人群。这两类人群的特点及需求截然不同，耐克专门为这两类人群开发出了不同的篮球鞋产品，并大获成功。后来，耐克公司又开发出了新的篮球鞋细分市场，最终又把这样的市场细分带入其他业务，也获得了巨大的成功。

一次课后，有一名学员向我咨询。

她："老师，我们这个产业现在竞争很激烈、很卷，我该怎么应对呢？"

我："你是做什么的？"

她："我是做鼠标、键盘的。"

我："能否重新定义鼠标与键盘市场？"

她："如何重新定义呢？"

我："鼠标、键盘的应用场景有哪些呢？"

她:"很多啊!"

我:"有没有用来办公的?"

她:"有。"

我:"有没有用来打游戏的?"

她:"有。"

我:"有没有用来看视频的?"

她:"有。"

我又说道:"鼠标、键盘的使用者又有哪些?"

她:"也有很多!"

我:"有老人吗?"

她:"有。"

我:"有小孩吗?"

她:"也有。"

我接着说道:"用来办公、打游戏和看视频的人群,他们的需求一样吗?"

她:"不一样。"

我:"老年人、小孩子对键盘、鼠标的需求一样吗?"

她:"也会不一样。"

我:"那,你可以重新定义一个市场吗?如办公、游戏、视频,抑或老人、儿童鼠标与键盘市场。"

她:"谢谢老师,我很受启发!"

一次我去沃尔玛超市，偶然间看到蓝月亮上市了一款运动型洗衣液，是专为爱运动的人士提供的产品。当时我就在想，消费者有这个需求吗？蓝月亮做这个细分市场正确吗？蓝月亮做这个产品能成功吗？蓝月亮为什么要做这个产品？一连串问题浮现在我的脑海当中。我虽然不知道结果，但仍然要给这家公司点赞：为其具有积极探索及创新的精神。

市场细分就是最大的差异化，它能让企业更聚焦，成本更低。建立一个或多个细分市场，是企业取得成功的法宝。

京东的"多快好省"；华为的"质量好、服务好、价格低，且要快速响应需求"；亚马逊的"客户体验三支柱"——更优的选择、更低的价格、更便捷的服务；德鲁克的"价格、品质、服务"……无一不是在说"客户需求"。

需求可以总结为一个公式：

需求＝质量＋服务＋价格。

这是需求的一个大框架：不同产业、不同客户的关注点及其排序也不一样，每一个关注点的具体内容也会不一样，应视具体情况而定。这也体现出了需求的共性与个性。

某科技公司根据实际情况，将自己的客户划分为已上市、待上市、研发三大客户群，并对其不同需求描述如下：

（1）已上市：质量、交期、服务，成本降低，国外替代，旧产品更新；

（2）待上市：质量、交期、服务，工艺/结构/产品变更，国外替代；

（3）研发：质量、交期、服务，工艺方案探讨及确定，配合零配件。

某服务型企业将自己的客户划分为学生、老年人、家庭主妇、白领四类，其不同需求如下：

（1）学生：身心健康、学习成长、群体认同感；

（2）老年人：家庭美满、身心健康、社交场景；

（3）家庭主妇：生命健康、社会存在感、社交；

（4）白领：身体健康、职业发展、社会归属认同。

某化工企业的某细分产业客户需求如下：

（1）颜色准确及满足性能要求；

（2）可行性；

（3）配色及交期；

（4）批次稳定性；

（5）性价比。

需求决定市场容量，需求增长程度决定市场增长空间；企业还需要计算出现有市场容量、企业市场份额，测算未来市场（容量）增长率。

需要特别说明的是，我们在实际客户分析中需要注意一点，即对客户的客户的需求分析。如果企业的客户不是最终客户，而是有多级客户,那么企业要视情况对各级客户的需求进行分析。

任正非曾说:"运营商是我们近距离的客户需求,远距离的最终客户才是牵引我们客户需求的源头。这样的话,我们把握住最终用户的感觉,做出来的东西就会受到欢迎。"

有一家企业的客户层级为:企业—代理商—门店—消费者。这家企业在进行客户分析的时候,对代理商、门店及消费者都做了分析,而且还针对每一级客户又划分了不同客户群进行分析。

表7-5 客户分析

类型	客户群1	客户群2	客户群3
需求			

(四)竞争对手分析

对象选取:几家,分别是哪几家。

分析维度:设计哪些维度。

评分:0—5分制,单项分与总分比较。

同业竞争对手分析的对象选取,与产业有很大的关系。在品牌集中度比较低、市场比较分散的产业中，企业的竞争对手数量会有很多，一一分析大可不必，可以将竞争对手做个分类，不同类别的各挑一个来分析。也可就经常遇到的对手做分析，不管怎样，选择分析的对象最好控制在3—5个。

对于市场比较集中的产业，可以选择最直接的一家或几家竞争对手，但一般也不要超过3个。

分析竞争对手的维度应尽可能既全面又有重点。所谓全面，就是多维度；所谓重点，就是这些维度都是产业同类企业成功的关键要素。

正如前述《孙子兵法》计篇中的竞争对手分析的那样：主孰有道？将孰有能？天地孰得？法令孰行？兵众孰强？士卒孰练？赏罚孰明？从如下七个维度分析竞争对手：道、将、天地、法令、兵众、士卒、赏罚。这样做，既全面又抓住了重点，都是取胜的关键要素。

因不同产业差异较大，企业各有特点，所以在大原则（既全面又有重点）不变的情况下，分析维度的设计及选取可因产业而异、因企业而异。

比如，某科技公司比较有代表性的维度设计：公司实力、人员规模、品牌影响力、产品力、营销力、服务力、业绩表现。共七个维度，不仅全面，而且都是产业同类企业成功的关键要素。

选好竞争分析对象、设计好竞争分析维度后，就可按0—5分制给每一对象和企业自身打分,并汇总成各自的总分,再进行单项分与总分比较分析。

表7-6 竞争对手分析

企业名称	维度1	维度2	维度3	维度4	维度5	总分
公司						
竞争对手1						
竞争对手2						
竞争对手3						
竞争对手4						
竞争对手5						

备注:0—5分制。

(五)内部资源与能力分析

资源:有形与无形资源。

能力:某一项能力,两项或多项能力组合。

资源就是人们通常所说的人、财、物等资源,又分为有形资源与无形资源:有形资源如厂房、设备、资金、渠道/客户等,无形资源如人力、专利、品牌、企业文化等。

能力通常指的是营销、技术/研发、生产、数字化、组织管理(战略/流程/制度/机制等)等能力。

企业要先盘点自己各项资源与能力，再对各项资源与能力进行客观评价，区分出资源与能力的优劣势。

某企业对自己内部资源与能力做完盘点及客观分析后，得出如下结论：

资源：钱有，人缺（缺少有经验的生产、技术与营销人员），厂房、设备较弱。

能力：技术研发能力强，市场营销能力强，生产能力强。

表 7-7　资源与能力分析

资源	评价描述	能力	评价描述

（六）SWOT 分析

通过以上对企业内外部环境的分析（宏观环境分析、产业结构分析、客户分析、竞争对手分析、内部资源与能力分析），就可以形成企业的 SWOT 分析了。

外部环境分析的目的是，发现机会与威胁；内部环境分析的目的是，找到优势与劣势。

也就是说，机会、威胁，是外部带来的机会与威胁；优势、劣势，是企业内部的优势与劣势。这正是SWOT形成的核心逻辑。

经常做SWOT分析的人，会发现如下一些规律：

机会（Opportunity）通常缘于：

——国家及产业政策利好，市场需求大，市场容量大，增长空间大等；

——品牌集中度低，无龙头企业，竞争对手少/弱，空白市场多等。

威胁（Threat）通常缘于：

——市场竞争激烈，同业竞争对手多且强大；

——新玩家越来越多，新玩家实力强；

——新技术、替代品带来的威胁；

——国家及产业政策方面的影响。

优势（Strength）一般是指企业内部的优势资源与能力，包括：商业模式、资金实力、品牌影响力、客户资源、人力资源、专利、市场营销能力、研发/技术能力、数字化能力、组织管理能力等。

劣势（Weakness）一般表现为企业内部的资源与能力不足，这些资源与能力同上述"优势"中描述的资源与能力。

通过SWOT分析，你会对企业所面临的机会与威胁、优势与劣势了然于胸，既全面、系统，又深刻。企业战略已在你的脑海里不断回荡，思路会越来越清晰，方向也会越来越明确，会有点无师自通的感觉了。接下来，就是如何通过抓住机会、发挥优势、规避威胁、弥补劣势来具体设计自身企业的战略。

表7-8 SWOT分析

优势（Strength）	劣势（Weakness）
机会（Opportunity）	威胁（Threat）

增长矩阵

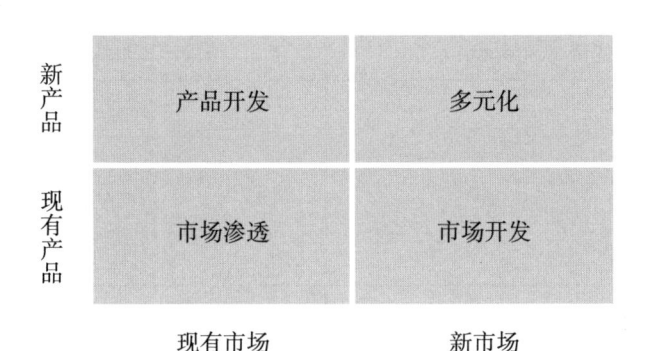

	现有市场	新市场
新产品	产品开发	多元化
现有产品	市场渗透	市场开发

图 7-3 安索夫矩阵

安索夫矩阵，是一个产品与市场矩阵，也叫增长战略矩阵，是由著名战略管理专家 H. 伊戈尔·安索夫创建的，其核心是通过产品与市场的不同组合，来分析与制定增长战略（图 7-3）。

安索夫认为，增长有四种战略：一是提升现有产品现有市场的份额（市场渗透）；二是为现有产品开发新市场（市场开发）；三是为现有市场开发新产品（产品开发）；四是为新市场开发新产品（多元化）。那么，这背后的原理究竟是什么？

众所周知，市场的核心是由客户组成的，产品的背后是需求。于是，我们可以对安索夫矩阵做个转换，即将产品转换成需求，将市场转换成客户。再加以简化及整理，如此一来安索夫矩阵（产品与市场）就转换成了一个客户与需求矩阵（图7-4）。

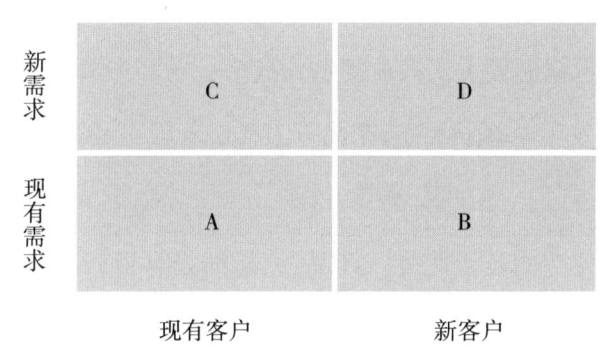

	现有客户	新客户
新需求	C	D
现有需求	A	B

图7-4　客户与需求矩阵

"企业的目的是创造客户""战略的起点是客户""战略是为客户服务的""以客户需求为导向的增长战略规划""需求才是企业业绩增长的源泉"……对于这些重要的战略思想，这个矩阵就是最好的体现。

在这个矩阵中，需求分为两类：现有需求与新需求；客户也分为两类：现有客户与新客户。业绩的增长主要有四种路径：

——更好地满足现有客户的现有需求（A象限）；

——满足更多新客户的现有需求（B象限）；

——满足现有客户的更多新需求（C象限）；

——满足新客户的新需求（D象限）。

需要特别指出的是，此处的"现有需求"，是指现在已有的需求；此处的"新需求"，包含未被满足的需求、视而不见的需求、非客户需求、变化的需求、创造新需求等各种类型，具体参见本节"案例"内容。

由此也就形成了四大业绩增长战略：老客户深挖（A象限）、新客户开发（B象限）、新产品开发（C象限）、新业务开拓（D象限）。

需要说明的是，此处"产品"，指的是有形产品、服务或解决方案。此处的"老客户"，指的是矩阵中的现有客户。此处的"老客户深挖"，指的是"能够更好地满足现有客户的现有需求"的老客户深挖，也是"战略层面而非战术层面"的老客户深挖。此处的新业务，指的是一个新的"产品与客户"组合，也是一个新的业务市场。

由此，一个新的业绩增长矩阵（图7-5）就形成了。

从安索夫矩阵，到客户与需求矩阵，再到新的业绩增长矩阵，可以看到业绩增长战略分析与制定的整体思想脉络，以及具体的方法与工具。相信这会对大家产生很大的启发与帮助。

	现有客户	新客户
新需求	新产品开发 C	新业务开拓 D
现有需求	老客户深挖 A	新客户开发 B

图 7-5　新的业绩增长矩阵

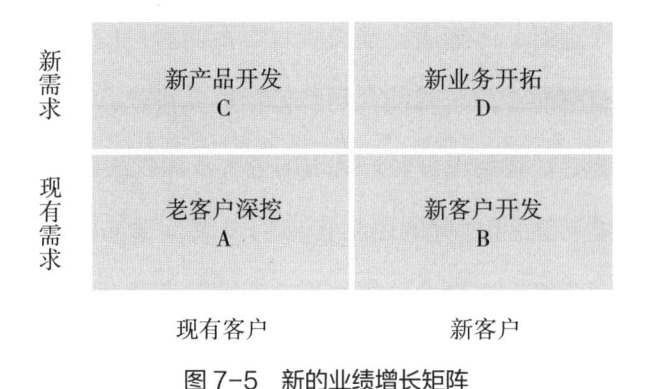

下面，分别针对各象限进行举例。A——老客户深挖：

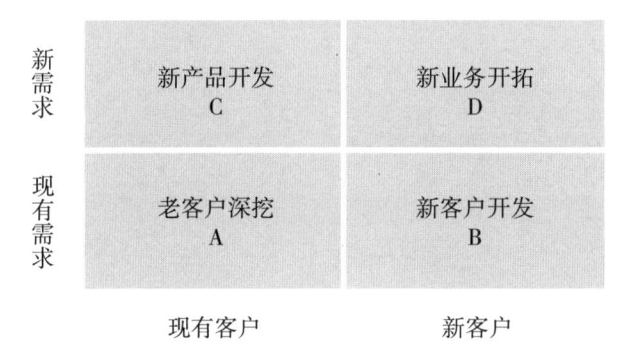

	现有客户	新客户
新需求	新产品开发 C	新业务开拓 D
现有需求	老客户深挖 A	新客户开发 B

图 7-6　A——老客户深挖（更好地满足现有客户的现有需求）

一家科技型企业，为了能够更好地服务于现有客户，提升客户购买率及复购率，通过对客户现有需求分析及精准定义，制定了相应的能够更好满足现有客户需求的三大老客户深挖战略：提升产品质量、保证订单交期、构建客户服务体系。

为了能更好地满足现有不同客户的需求（代理商、零售店、消费者），一家消费品公司通过认真调研、仔细分析及研究，精准定义了代理商、零售店、消费者三类不同客户的需求，并制定出了代理商赋能、门店赋能、品牌营销体系搭建、智能管理平台搭建等能够更好满足现有客户需求的老客户深挖战略。

为了能够更好地满足现有客户的需求，瑞幸咖啡、宝岛眼镜、九江双蒸等众多企业纷纷加大对企业数字化的建设，制定各自的数字化建设或提升的老客户深挖战略。

B——新客户开发：

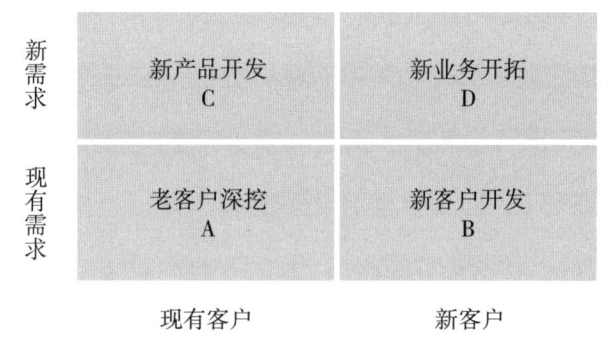

	现有客户	新客户
新需求	新产品开发 C	新业务开拓 D
现有需求	老客户深挖 A	新客户开发 B

图 7-7　B——新客户开发（满足更多新客户的现有需求）

2023 年，瑞幸咖啡在全国开设的门店数量突破了 10000 家，远超星巴克在中国的门店数量（6000 多家）及其他咖啡连锁企业的门店数量。瑞幸咖啡采取的是"直营＋联营"模式下的不断开发新区域、新门店的新客户开发战略。

2023 年，蜜雪冰城的国内门店数量超过 20000 家，这是一个历史性的成就，同期肯德基门店数量为 9500 多家、麦当劳则为 5400 多家。蜜雪冰城采取的是加盟为主模式下不断拓展新区域、新门店的新客户开发战略。

2022年，奈雪的茶瓶装果茶产品陆续进入美宜佳、全家、7-ELEVEn等便利店品牌门店，销量排名和顾客口味反馈都不错，成功实现了新渠道、新顾客的扩张。

农夫山泉将矿泉水卖给了火锅店，火锅店用矿泉水替代了自来水，农夫山泉为其矿泉水开辟了新的渠道客户。

此外，众多企业通过开发新渠道、新区域、新产业、新用途等方式获得了新客户。

C——新产品开发：

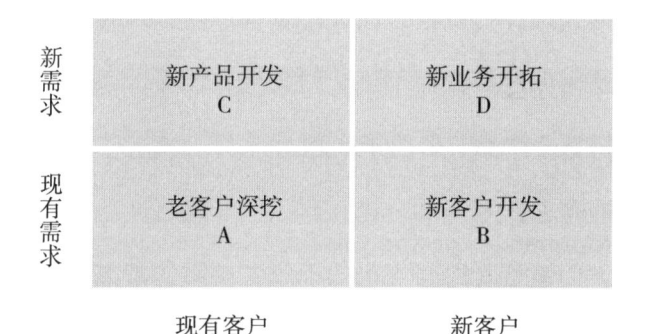

	现有客户	新客户
新需求	新产品开发 C	新业务开拓 D
现有需求	老客户深挖 A	新客户开发 B

图7-8　C——新产品开发（满足现有客户的更多新需求）

未被满足的需求：

当郭士纳发现IBM的客户需要的不是硬件产品，而是包含软硬件及服务一体化的整体解决方案，于是带领IBM从硬件产品公司向解决方案型公司转型，为客户提供包含硬软件及服务一体化的整体解决方案。

宝岛眼镜发现人们需要的不仅是配眼镜，而是让自己的视力更加健康，于是针对不同客户群开发了不同的产品和服务，即基于不同人群的视力健康解决方案。

视而不见的需求：

在夏季，老年人、婴幼儿、体弱多病等人群，甚至很多正常的成年人，都是不能正对着空调吹太久的。这个问题，很多空调厂商视而不见，但是就在前几年却被一家企业解决了，它成功开发出了空调挡板这个产品。

南方的梅雨季节，空气很潮湿，洗完的衣服很难晾干。另外，潮湿的衣服穿在身上也让人感觉很难受。一直以来很多洗衣机厂家对这个问题都视而不见，但直到有一天，一家企业成功开发了烘干机这个产品，解决了问题。

变化的需求：

随着人们消费意愿与支出的下降，奈雪的茶果断推出了一些小分量、果肉饱满，售价为十几元的饮品，而此前其产品价格多在25元以上。

随着中药代煎服务需求的不断增多，一家企业洞察到了中药店的代煎设备的需求，于是为中药店开发出了中药代煎设备产品。

随着互联网与物联网技术的发展、数字经济的崛起、智慧城市的推进，以及客户需求的变化，捷顺将其产品从停车硬件产品升级到智慧停车解决方案。

因国家大力发展数字工会，开展扶贫计划，某福利企业开发出了相应的数字工会和福利扶贫产品，以满足新的福利需求。

针对很多企业的业绩下滑厉害、渴求业绩增长这一现实问题，某咨询培训公司开发出了业绩增长类战略课程。

这类因国家政策、客户自身、技术革新等导致的客户需求的变化，比比皆是。

创造新需求：

耐克将其篮球鞋客户重新划分为两大细分客户群，并根据各个客户群不同的需求开发出不同的篮球鞋产品。

李宁跨界做咖啡，在李宁门店卖起了咖啡（宁咖啡）。

同仁堂跨界做咖啡，在其门店卖起了草本咖啡（枸杞拿铁、陈皮拿铁、罗汉果美式等）。

中国电信跨界卖图书，在电信营业网点卖图书给客户。

亚马逊为客户发明创造了 Echo 智能音箱这样一个新产品。

D——新业务开拓：

非客户需求：

西贝莜面村通过深入了解儿童餐饮需求，成功开发出了儿童套餐产品，将餐饮市场业务延伸至儿童这一客户群体。

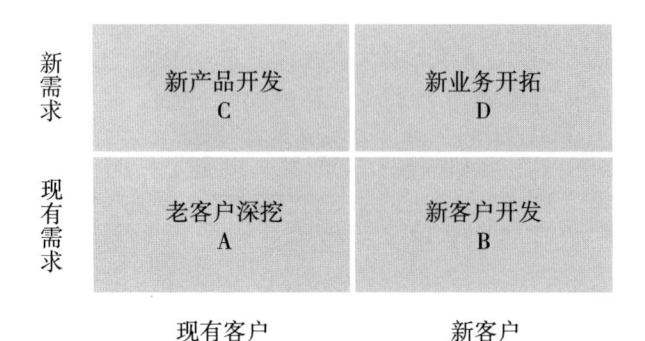

	现有客户	新客户
新需求	新产品开发 C	新业务开拓 D
现有需求	老客户深挖 A	新客户开发 B

图 7-9　D——新业务开拓（满足新客户的新需求）

乐高一开始是做儿童积木的，后来他们又研究了成年人的需求，成功开发出了成年人乐高产品，延伸至成年人市场业务。

戴尔最早做的是企业（B 端）市场业务，后来延伸至消费者（C 端）市场业务。

农夫山泉跨界卖面膜，利用其对优质水的理解，进入补水面膜市场，开展面膜业务。

茅台跨界卖冰激凌，以成年人为主要消费群体的茅台，卖茅台冰激凌（茅台酒 + 冰激凌）给年轻人，开启冰激凌业务。

喜茶深刻洞察"Z 世代"的婚宴需求，借助其"喜茶"品牌进军"Z 世代"婚宴市场，开启婚宴业务。

对于一家企业来说，以上四个象限的增长战略可以同时设计，制定出的各象限增长战略是相互联系及影响的。最终的战略选取，应视企业的实际情况而定。

战略制定

做完 SWOT 和增长矩阵分析，就可以制定战略了。

战略=目标+路径。战略就是要回答好两个问题：我们要到哪里去；我们如何去那里。到哪里去是"目标"，如何去是"路径"。

鉴于市场环境变化越来越快，不确定性因素越来越多，对于一家企业来说，一般战略 3 年滚动制定一次，1 年细化一次。这包含 3 个步骤：

（1）根据之前的 SWOT 和增长矩阵分析，企业可以首先制定未来 3 年的战略目标及设计实现目标的主路径（此处战略目标可简称为"目标"）。

（2）将 3 年的战略目标分解至每一年，战略主路径分解至每一年，绘制形成 3 年战略路径图（此处战略主路径可简称为"战略"）(图 7-10）。

（3）设计出第一年的战略次级路径（可称为"战略举措"，简称"举措"），绘制形成年度（第一年）战略路径图（表 7-9）并用一句话描述战略（第二年、第三年战略次级路径可再逐年设计）。

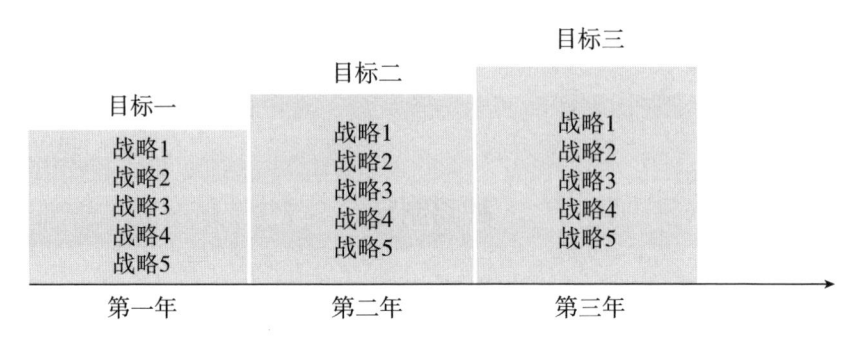

```
                                        目标三
                        目标二          ┌─────────┐
          目标一       ┌─────────┐      │ 战略1   │
        ┌─────────┐   │ 战略1   │      │ 战略2   │
        │ 战略1   │   │ 战略2   │      │ 战略3   │
        │ 战略2   │   │ 战略3   │      │ 战略4   │
        │ 战略3   │   │ 战略4   │      │ 战略5   │
        │ 战略4   │   │ 战略5   │      │         │
        │ 战略5   │   │         │      │         │
        └─────────┘   └─────────┘      └─────────┘────────▶
          第一年         第二年            第三年
```

图 7-10　3 年战略路径图

表 7-9　年度战略路径图

目标	战略	举措
目标一	战略 1	举措 1
		举措 2
		举措 3
		举措 4
		举措 5
	战略 2	举措 6
		举措 7
		举措 8
		举措 9
		举措 10
	战略 3	举措 11
		举措 12
		举措 13
		举措 14
		举措 15
	战略 4	举措 16
		举措 17
		举措 18
		举措 19
		举措 20
	战略 5	举措 21
		举措 22
		举措 23
		举措 24
		举措 25

一句话战略描述：实现×××目标的 m 大战略 n 项举措。

一、企业的战略目标应该是什么

一味强调利润，会严重误导管理者，甚至可能危害到企业的生存，以至于为了今天的获利而破坏了企业的未来。管理者可能因此拼命扩张目前销路最好的产品线，忽视市场的明日之星，缩减其研发经费、广告支出和其他投资。更重要的是，由于计算利润率时以资本投资为分母，因此他们将尽量降低会提高资本投资的支出，以提高利润率，结果导致设备逐渐落伍。换句话说，一味强调利润率的做法会引导管理者采取最糟糕的经营方式。

——彼得·德鲁克《管理的实践》企业的目标

企业的战略目标到底是收入还是利润？企业需要获取一定的利润才能够生存与持续发展，但如果过于追求利润，也会步入歧途。对于一家企业来说，想要追求更多、更持续的利润，更多的应该是开源（提高收入），而非一味地降低支出（降低成本与缩减费用）。

企业既可设置收入为战略目标，也可设置利润为战略目标。但最优的方案是将企业的战略目标设置成收入目标，而利润目标可转换成降低成本或缩减费用方面的子目标（战略路径上的举措层目标，而非企业的战略目标）。

二、企业战略目标值制定

历史值：过去三年的历史数据（已做到的）。

空间值：最大空间值（可能做到的最大值）。

实际值：应该设定的值（努力后有可能做到的）。

企业战略目标值的设定，需要参考历史值和空间值，再在此基础上制定出实际值。

例如，一家企业要想制定未来三年的战略目标（收入），就需要参考企业过去三年的历史数据，还要考虑到市场容量，以及自身增长的机会与空间，以此制定最终的收入目标。

三、企业战略目标分解

企业未来三年的整体目标，要分解到未来三年的每一年。

四、战略路径分解

企业未来三年的战略主路径（战略）要分解到每一年；

第一年的战略主路径（战略）要分解成次级路径（举措）；

第二年、第三年的战略主路径（战略）逐年再分解为次级路径（举措）。

五、战略路径设计

战略主路径（战略）的设计：根据SWOT分析、业绩增长矩阵分析的结果汇总设计的战略主路径（战略）。

战略次级路径（举措）的设计：将以上战略主路径（战略）再次分解设计成次级路径（举措）。

六、路径设计的两大规则

规则一："名词+动词"或"动词+名词"描述；

规则二：呈现金字塔结构，符合金字塔原理。

具体说明如下：

（1）战略及举措具体内容，要使用"名词+动词"或"动词+名词"的组合形式的文字进行描述，这样做简单、易理解，且更具操作性。

（2）目标、战略及举措内容，要符合金字塔结构及原理，这样做结构性更强、更有力量。

一是"以上统下"：每一层级的内容统领其下一层级所包含的内容，下一层级的内容支撑其所属上一级的内容。

二是"遵循一定的逻辑顺序"：所属上一层级同一内容的下一层级的内容，遵循一定的逻辑顺序排列，通常是时间（串联）、空间（并联）和程度（重要性）顺序的结合。

三是"MECE原则"：所属上一层级同一内容的下一层级的内容之间，需遵从MECE原则（ME——相互独立，CE——完全穷尽），即两两之间相互独立，意思不能有任何交叉重叠，所有内容加在一起正好支撑上一层级的内容，一个也不能多，一个也不能少。

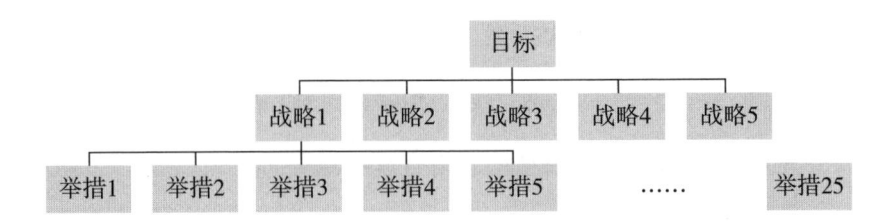

```
                                目标
                                 │
        ┌──────────┬─────────┬─────────┬──────────┐
       战略1      战略2     战略3     战略4       战略5
        │          │         │         │           │
    ┌───┼───┐  ┌───┼───┐
   举措1 举措2 举措3 举措4 举措5    ……        举措25
```

图 7-11　金字塔结构

[案例] 某企业的战略路径（部分内容）

目标：年度销售额 ××× 元

战略 1　提升产品质量

举措 1—5：统一标准、优化工艺、人员配置、提升专业能力、预防机制建立

战略 2　保证订单交期

举措 6—9：流程优化、提升计划合理性、提升市场效率、保证通过率

战略 3　客户服务体系搭建

举措 10—12：售前服务体系搭建、售中服务体系搭建、售后服务体系搭建

战略 4　新产品开发

举措 13—15：A 新产品开发、B 新产品开发、C 新产品开发

> 战略 5　新客户开发
>
> 举措 16—17：A 类新客户开发、B 类客户客开发
>
> 战略 6　组织能力提升
>
> 举措 18—20：价值创造体系、价值评价体系、价值分配体系
>
> 战略 7　新业务开拓
>
> 举措 21：T 市场业务开拓

大家还记得《隆中对》中的 SWOT 分析吗？

表 7-10　SWOT 分析

优势	劣势
1. 帝室之胄 2. 信义著于四海 3. 总揽英雄 4. 思贤若渴	1. 无曹操百万之众 2. 无孙权江东之地
机会	威胁
1. 天下豪杰并起 2. 荆州非其主不能守 3. 益州刘璋暗弱	1. 今操已拥百万之众 2. 孙权据有江东

由《隆中对》这个案例，我们看到了 SWOT 分析的重要性。大家会发现，经过 SWOT 分析后，战略方向（目标 + 主路径）大概就已在我们的心中了。

但是诸葛亮的厉害之处在于，他不仅规划出了战略方向（目标＋主路径），还把战略次级路径（如何取荆州为家、如何取西川建基业以及如何图中原）也设计出来了，最终形成了整个战略规划内容，制定出了刘备集团的战略。

需要指出的是，诸葛亮制定的战略目标很久远，比现在很多企业战略目标制定的时间周期（一般为3年）要长得多；虽然具体的路径设计会有些差异（因时间长短不同），但是它的整体路径设计思路及方法，仍然值得我们当今企业学习。

隆中对战略

"诚如是，则大业可成，汉室可兴矣。此为亮所以为将军谋者也。惟将军图之。"

"此西川五十四州之图也。将军欲成霸业，北让曹操占天时，南让孙权占地利，将军可占人和。先取荆州为家，后即取西川建基业，以成鼎足之势，然后可图中原也。"

"亮夜观天象，刘表不久人世；刘璋非立业之主，久后必归将军。"

"若跨有荆、益，保其岩阻，西和诸戎，南抚彝、越，外结孙权，内修政理；待天下有变，则命一上将将荆州之兵以向宛、洛，将军身率益州之众以出秦川，百姓有不箪食壶浆以迎将军者乎？"

一句话战略描述：兴复汉室的3大战略12项举措（表7-11）。

表7-11 战略路径图

目标	战略	举措
兴复汉室	取荆州为家	亮夜观天象
		刘表不久人世
	取西川建基业	刘璋非立业之主
		久后必归将军
		保其岩阻
		西和诸戎
		南抚彝、越
		外结孙权
		内修政理
	图中原	待天下有变
		命一上将将荆州之兵以向宛、洛
		将军身率益州之众以出秦川

因此，企业在制定战略的时候，不仅要制定出明确的目标，还需要设计出达成目标的路径。路径越清晰、具体越好；越清晰、具体，目标就越容易达成。

很多企业战略目标难以实现的根本原因在于：只有目标，没有路径。

五色令人目盲；

五音令人耳聋；

五味令人口爽；

驰骋畋猎，令人心发狂；

难得之货，令人行妨。

是以圣人为腹不为目，故去彼取此。

——《道德经》第十二章

什么都想要，往往什么都得不到。

对于绝大部分企业来说，在制定战略的时候，要懂得克制，不要什么都想要、什么都想做；要学会做减法，聚焦在自己的主业（再不断创新）上；不要盲目开拓新业务，即使要，也要考虑相关性较强的。这是因为企业的资源与能力是有限的。

凡战者，以正合，以奇胜。故善出奇者，无穷如天地，不竭如江河。终而复始，日月是也；死而复生，四时是也。声不过五，五声之变，不可胜听也。色不过五，五色之变，不可胜观也。味不过五，五味之变，不可胜尝也。战势不过奇正，奇正之变，不可胜穷也。奇正相生，如循环之无端，孰能穷之？

——《孙子兵法》势篇

对于企业来说，什么是正？什么是奇？如何以正合，以奇胜？

在业绩增长矩阵中，象限 A 是"正"，象限 B、象限 C、象限 D 是"奇"。

企业的业绩增长，既要守正又要出奇，守正也是为了更好地出奇。

集中兵力看来容易，实行颇难。人人皆知以多胜少是最好的办法，然而很多人不能做，相反地每每分散兵力，原因就在于指导者缺乏战略头脑，为复杂的环境所迷惑，因而被环境所支配，失掉自主能力，采取了应付主义。

——《毛泽东选集》中国革命战争的战略问题

要想以少胜多、以弱胜强，企业在制定战略的时候，千万不要受外界诱惑，不要头脑发热，不要分散"兵力"，要根据"集中兵力"的原则，来制定自己的战略。只有这样才能有所成。

另，本章所说的"战略规划"，最好的方式就是，老板/CEO 带着各职能部门负责人以及骨干员工共创，这样的战略才能得到更好的落地与执行。

第八章

战略落地

企业的战略制定出来之后，就到了战略落地的环节了。

企业战略的落地，核心要解决两个问题：企业战略（目标及路径）如何层层分解到部门、个人；如何实现组织协同（纵向与横向协同）。

下面，我们就来开启企业战略落地之旅。

战略仪表盘

真正的困难不在于确定我们需要什么目标,而在于决定如何去设定目标。

要做好这个决定,只有一个有效办法:先确定每个领域中要衡量的是什么,以及衡量标准是什么。因为采用什么衡量标准,决定了企业要把注意力的焦点放在哪些方面。如此一来,该做的事情会变得更具体和透明化,衡量标准中所包含的项目也变得彼此相关,不必再分心注意没有包括在内的项目。

关键领域的目标是引导企业发展方向的必要"仪表盘"。没有目标的管理就好像飞行时只凭直觉碰运气一样,既缺乏地标、地图的引导,过去也没有飞过相同路线的经验。

不过,仪表盘固然重要,飞行员的解读能力也同样重要。

——彼得·德鲁克《管理的实践》

我们从哪开始着手呢?

从第 1 年的(战略)举措开始。

我们给第 1 年的每一项（战略）举措制定衡量标准，即绩效目标。这些绩效目标连同企业第 1 年的战略目标，共同构成了企业当年的组织目标体系（也称为组织绩效目标体系、战略性绩效目标体系），也就是企业第 1 年的战略仪表盘。

从"大老板"到工厂领班或高级职员，每位管理者都需要有明确的目标，而且必须在目标中列出所管辖单位应该达到的绩效，说明他和他的单位应该有什么贡献，才能协助其他单位达成目标。目标中还应该包括管理者期望其他单位有什么贡献，以协助他们达到目标。也就是说，从一开始就应该强调团队合作和团队成果。

——彼得·德鲁克《管理的实践》

每一项（战略）举措，都可以分配给某一职能部门来负责（也许还会有其他协助部门），该部门负责制定该项举措的衡量标准，如该项举措有其他协助部门，可会同其他协作部门一起商议制定（如某项举措所涉及的部门较多，可交由一个主部门来负责）。各部门将各自所负责举措的衡量标准制定出来之后，再同老板/CEO 一起共同商议确定。于是每一项举措的衡量标准（绩效目标）也就制定出来了，不仅如此，也已分配给不同部门，并且明确了协助部门，协助部门还参与了衡量标准（绩效目标）的讨论与制定。

企业绩效要求的是每一项工作必须以达到企业整体目标为目标，尤其是每一位管理者都必须把工作重心放在追求企业整体的成功上。期望管理者达到的绩效目标必须源自企业的绩效目标，同时也通过管理者对于企业的成功所做的贡献，来衡量他们的工作成果。管理者必须了解根据企业目标，他需要达到什么样的绩效，而他的上司也必须知道应该要求和期望他有什么贡献，并据此评判他的绩效。如果没达到这些要求，管理者就走偏了方向，他们的努力付诸东流，组织中看不到团队合作，只有摩擦、挫败和冲突。

——彼得·德鲁克《管理的实践》

因此，每一项（战略）举措的衡量标准制定出来后，每一个职能部门的绩效目标也就定出来了（每一项举措都已分配给不同的部门负责）；于是，企业第 1 年的战略目标就顺利分解到了各职能部门（目标—战略—举措—衡量标准）。读到这里，读者们也许看出来了，经过这样的企业战略分解，不仅各部门的绩效目标同企业战略目标关联性极强，而且各部门之间的绩效目标关联性也很强，在目标制定的源头就很好地实现了企业与部门、部门与部门之间的纵向与横向协同。

那么，对于以上所讲的部门绩效目标，该如何制定呢？

首先，绩效目标的制定要符合 SMART 原则，即目标应该是具体的、可衡量的、可达成的、相关的，以及有时限的。

其次，我们需要知道一个完整的绩效目标应该如何表达：绩效目标＝指标＋目标值，即一个完整的绩效目标的表达，既包括指标又包括目标值。

（备注：我们有时会把"绩效目标"说成"绩效指标"，有时还会简称为"指标"，都是绩效目标的各种不同表达，在此一并说明。）

再次，我们还需知道绩效目标的分类：时间型、数量型与质量型。时间型就是要按照一定的时间进度完成的绩效目标；数量型就是要达到一定数量的绩效目标；质量型就是对该绩效目标不仅有时间或数量上的要求，还有质量上的要求。

再次，我们需要知道如何激励部门管理者制定高绩效标准，即多制定高质量型绩效目标，而不都是低质量的时间型和数量型绩效目标。

然后，我们还要判定，该部门对于该绩效目标的达成，有无足够的控制力及影响力。

再然后，对于协同性绩效目标（需要多个部门协同完成的），负责部门应同其他协助部门一起共同商议制定。

最终，我们就可以制定出各部门的绩效目标了。

对于以上三类绩效目标（时间型、数量型与质量型绩效目标），在此重点举例说明一下：

例如：某项（战略）举措为"销售人员培训"（分配给人力资源部负责）。

如果制定的绩效目标为"培训计划完成率达100%"，为时间型；

如果制定的绩效目标为"培训次数≥10次"，为数量型；

如果制定的绩效目标为"培训参与率达100%"，为质量型；

如果制定的绩效目标为"培训通过率≥90%"，为质量型；

如果制定的绩效目标为"新员工参训人员3个月留存率达80%"，为质量型；

如果制定的绩效目标为"参训人员3个月平均业绩增长率达30%"，为质量型。

但如果将上述后两者，仅制定为人力资源部的绩效目标，就不合理了，因为人力资源部还不能直接对其结果负责；但如果把它们作为一个协同性绩效目标（需人力资源与营销部门配合），就合理了，因为它们需要不同的部门一起配合才能完成。

又如：某项（战略）举措为"智能管理系统搭建"（分配给IT部门负责）。

其绩效目标可设置为以下几种：

（1）需求评审通过率达90%（质量型）；

（2）功能开发计划完成率达96%（时间型）；

（3）系统故障率≤5%（质量型）；

（4）功能使用率≥96%（数量型）。

再如，某项（战略）举措为"App产品开发"（分配给产品部门负责）。

其绩效目标可设置为以下几种：

（1）需求评审通过率≥90%（质量型）；

（2）功能开发计划完成率达100%（时间型）；

（3）系统故障率≤5%（质量型）。

对管理人员的精神的第一个要求就是要有高绩效。管理者不应该被他人所督促，他们应该自己督促自己。其实，要求实行目标管理和根据工作目标的要求确定管理工作，其中一个主要的考虑就是需要管理者自己为他们的绩效确定高标准。

——彼得·德鲁克《管理的实践》

如何激励部门管理者制定高绩效标准？

很多企业都推行了绩效考核制度，一个部门管理者的绩效目标的达成情况直接影响其收入水平。因此，大家在制定各自绩效目标的时候，都尽可能地制定较容易达成的绩效目标（这完全符合人性）。

如果每个部门都制定了较低的绩效标准，那么这家企业会有高绩效吗？

如果一个部门制定的是低绩效标准，请问这个部门在这家企业里，还会有地位和价值吗？还能获得公司的更多资源与支持吗？对此，这个部门的员工又会有怎样的感受与表现呢？

想要部门员工制定高绩效标准，部门管理者自己就要先制定高绩效标准。

我们完全相信，管理者们都是有制定较高绩效标准的意识及意愿的，往往是现有的制度或机制阻碍了我们。于是，有的企业采用 OKR 的做法，考核结果同收入不挂钩，这是一种机制。而对于企业采用 KPI 的情况，我们还可以采取另外一种更优的机制：高标准＋高激励，就是对于高标准的绩效目标，可加大其考评分值，即标准越高，对应设置的分值就越大（同低绩效标准拉开差距），完成后得分也越高（总分非 100 分制），以激励更多管理者制定高绩效标准；另外，对于协同性绩效目标（指标），也可加大其考评分值，并且设置好每个部门的权重，对每一部门都进行考核。以上"高标准＋高激励"也同样适用于部门员工。只有这样才能提升部门价值，挖掘员工潜能。

（备注：无论是 OKR，还是 KPI，都需要承接企业的战略。）

大家还记得企业绩效管理为什么经常会失效吗？因为企业做得更多的是事务性绩效管理，而非战略性绩效管理。

当企业建立了以上战略性绩效目标体系之后，就可以真正进入战略性绩效管理，彻底摆脱事务性绩效管理的困扰了。

表 8-1　企业年度战略仪表盘

目标	战略	举措	衡量标准	负责部门	负责人	协助部门	负责人	指标类型
目标一	战略 1	举措 1						
		举措 2						
		举措 3						
		举措 4						
		举措 5						
	战略 2	举措 6						
		举措 7						
		举措 8						
		举措 9						
		举措 10						
	战略 3	举措 11						
		举措 12						
		举措 13						
		举措 14						
		举措 15						
	战略 4	举措 16						
		举措 17						
		举措 18						
		举措 19						
		举措 20						
	战略 5	举措 21						
		举措 22						
		举措 23						
		举措 24						
		举措 25						

战略地图绘制

> 研究带全局性的战争指导规律，是战略学的任务。研究带局部性的战争指导规律，是战役学和战术学的任务。
>
> ——《毛泽东选集》中国革命战争的战略问题

对于一家企业来说，也需要研究企业的战略、战役与战术。从企业到职能部门再到员工，需要建立起一套战略、战役与战术管理体系。首先，企业需要制订战略计划（战略地图），各职能部门需要制订各战役计划（部门作战地图），员工需要制订各自战术计划（个人作战地图），只有这样才能保证企业的战略得到更好的落地与执行。

对于一家企业来说，如何实现组织协同呢？

大家还记得前文所说的交响乐团这个组织吗？

交响乐团即组织协同的楷模。一个由几百人组成的交响乐团是靠什么实现组织整体协同的？答案是乐谱——统一的乐谱。指挥家面前放着一张谱表（总谱），每位演奏者面前也放着一张谱表（分谱），总谱由作曲家制成，分谱是每一位乐器演奏者的谱表，分谱是从总谱中分解得出的。交响乐团正是靠这样统一的乐谱实现组织协同的。

企业组织同交响乐团极其相似，企业也可以通过绘制出自己的乐谱（总谱与分谱），来实现组织的协同作战。企业的总谱就是企业的"战略地图"，企业的分谱即为各部门及员工的"作战地图"，"作战地图"由"战略地图"分解得出，两张图可以实现企业组织整体协同作战。

战略的功能、作用及价值，不仅体现在目标制定与路径设计上，还体现在组织协同上。

对于组织协同，战略还需要延伸绘制成企业的"战略地图"及分解成各"作战地图"，并建立起作战地图的执行与管控体系。

对于如何绘制企业"战略地图"，即企业的"总谱"，最科学的做法是老板/CEO带领部门管理者和骨干员工一起完成。对于这样绘制出来的战略地图（参与度高、认可度高、理解力强），各部门管理者和骨干员工的执行意愿与能力都会更强。

企业战略地图，一般一年绘制一次，在企业年度仪表盘的基础上，将各项举措按时间分解至不同的月份，具体见表8-2。

表 8-2 企业年度战略地图

目标	战略	举措	衡量标准	负责部门	负责人	协助部门	负责人	1月	2月	3月	4月	5月	6月	7月	8月	9月	10月	11月	12月	备注
目标一	战略1	举措1																		
		举措2																		
		举措3																		
		举措4																		
		举措5																		
	战略2	举措6																		
		举措7																		
		举措8																		
		举措9																		
		举措10																		
	战略3	举措11																		
		举措12																		
		举措13																		
		举措14																		
		举措15																		
	战略4	举措16																		
		举措17																		
		举措18																		
		举措19																		
		举措20																		
	战略5	举措21																		
		举措22																		
		举措23																		
		举措24																		
		举措25																		

作战地图绘制

要求战役指挥员和战术指挥员了解某种程度的战略上的规律，何以成为必要呢？因为懂得了全局性的东西，就更会使用局部性的东西，因为局部性的东西是隶属于全局性的东西。

但是全局是由局部构成的，有局部经验的人，有战役战术经验的人，如肯用心去想一想，就能够明白那些更高级的东西。

——《毛泽东选集》中国革命战争的战略问题

对于如何绘制各部门和员工的"作战地图"，即"分谱"，则由各部门负责人带领及指导各部门员工绘制形成。对于这样绘制出来的作战地图（参与度高、认可度高、理解力强），会令每名员工的执行意愿与能力得到大幅提升。

一、部门作战地图

部门作战地图一般一个季度滚动绘制一次（全年共4次）。先将部门（年）衡量标准（绩效目标）分解至季度，再将部门季度举措分解至季度的周工作事项，如此一来部门季度作战地图就绘制形成了（表8-3）。

表8-3 部门季度作战地图

举措	衡量标准	负责部门	负责人	协助部门	负责人	W1	W2	W3	W4	W5	W6	W7	W8	W9	W10	W11	W12	备注
举措1																		
举措2																		
举措3																		
举措4																		
举措5																		
举措6																		
举措7																		
举措8																		
举措9																		
举措10																		

二、个人作战地图

在部门员工个人作战地图绘制之前,先要将部门季度绩效目标分解至月度,再将部门月度绩效目标(层层)分解至部门员工。

部门员工的个人作战地图,每周绘制一次。先将部门周工作事项(层层)分解至部门员工(形成员工的周工作事项),员工再同上级一起制定其周工作事项的衡量标准(绩效目标),并将其周工作事项分解成日工作事项,于是就绘制形成了员工的个人周作战地图(表8-4)。

至此,我们就完成了企业战略目标到部门绩效目标再到部门员工个人绩效目标的层层分解,以及企业(年度)战略地图、部门(季度)作战地图、员工个人(周)作战地图的绘制。这就是战略完整的落地过程,企业战略层层分解,最终落到每一个人的具体目标及行动计划(地图)当中,并能实现组织有效协同。

补充说明:

(1)本章所讲的绩效目标,为战略性绩效目标及其分解。

(2)对于某个部门或员工,除了从企业战略(层层)分解来的绩效目标之外,还可能会有非战略分解绩效目标,非战略分解的绩效目标照常按岗位职责或日常工作任务来设置。

(3)企业中还有一些部门岗位的员工,他们做的更多的是日常性（常规性）的工作，而非直接从企业战略分解来的工作，其绩效目标仍根据岗位职责或日常工作任务来设置。

表8-4　个人周作战地图

工作事项	衡量标准	负责人	所属部门	协助人	所属部门	周一	周二	周三	周四	周五	备注
工作事项1											
工作事项2											
工作事项3											
工作事项4											
工作事项5											
工作事项6											
工作事项7											
工作事项	衡量标准	负责人	所属部门	协助人	所属部门	周一	周二	周三	周四	周五	备注
工作事项8											
工作事项9											
工作事项10											

第九章

战略执行

经过上述战略的成功落地，接下来就进入战略执行的环节了。

本章所讲的战略执行，即地图的执行，也即战略地图与作战地图的执行，包含企业（年度）战略地图、部门（季度）作战地图、员工个人（周）作战地图三级执行体系。

第九章 战略执行

成立执行管理机构

企业战略执行（三级地图的执行）的整体推进及管理工作，该由谁来负责呢？这是企业需要优先思考并解决的问题。

如果企业设有战略发展或经营计划管理类部门，可直接交由这些部门来负责。

如果企业没有设置这样的部门（实际上，国内的很多企业并未设置这样的部门），那么又该由谁来负责呢？

人力行政部门？不妥，因其位置同其他部门同级，很难统筹。

总裁办？也不妥，因为该部门离具体业务较远。

老板/CEO？貌似可以，但未必是最好方案。

最好的方法是，企业成立一个执行管理机构，可以叫作"执行管理委员会"，也可简称"执管委"。执管委的成员主要包括企业老板/CEO、副总及各职能部门负责人，每年按一定时间周期在执管委中选取不同的成员担任轮值会长，负责统筹执管委的企业整体战略执行推进及管理工作。

无论是战略发展或经营计划及管理部门,还是执行管理委员会,他们在企业战略执行上的核心职责都是一样的,即负责企业的整体战略执行推进及管理工作。

执行管理机构的工作内容主要分为三大块:

一是企业(年度)战略地图执行与控制;

二是各部门(季度)作战地图执行与控制;

三是员工个人(周)作战地图执行与控制。

执行管理机构的主要工作方法及工具包括:PDCA 循环、例会制度、管理表格、看板管理、现场管理,以及奖惩机制。

意愿与能力提升

众所周知，个人绩效＝意愿×能力。那么，对于各级地图的执行（达成绩效目标的有效手段），要如何提升组织成员的意愿与能力呢？

我们首先要知道，组织成员的执行意愿和能力与什么有关。

1. 关于执行意愿

首先，这张地图中的内容，如果是组织成员自己参与制定及认可的，那么他执行的意愿就会比较强；反之，如果是公司或上级指定的，那么他执行的意愿就会降低。

其次，企业的激励机制如果合理且富有激励性，组织成员的执行意愿就会加强；反之，激励机制如果缺失，或不公平合理，组织成员的执行意愿就会降低。

最后，组织成员的执行意愿还同其上级管理者有关，上级管理者如果善于激励及培育部属，那么其执行愿意也会增强。

2. 关于执行能力

首先，组织成员的学习欲望强、能力强，其执行能力也会强；

反之，如果组织成员的学习欲望低、能力弱，其执行能力也较差。

其次，企业有科学、完善的人才培养体系，组织成员的执行能力会得到加强；反之，企业如果没有科学、完善的人才培养体系，其执行能力则提升较慢。

最后，组织成员的执行能力还同其上级管理者有关，如果上级管理者的人才培养能力强，那么其执行能力会更强。

综上所述，组织成员的执行意愿与执行能力，同以下三个因素有关：参与度、人才激励、人才培养。

下面，我们就针对以上三个方面，分别进行阐述。

一、参与度

计划与执行是同一项工作的两个不同部分，而不是两项不同的工作，必须两者兼顾，才能有效完成工作。一个人不可能把所有的时间都拿来规划，一定至少会担任一部分执行工作；一个人也不可能永远都在执行，如果不稍稍规划一下自己的工作，即使是最机械化和重复性的例行杂务，员工可能也无法掌握得很好。主张把两者分开，就好像要求应该由不同的身体来担负食物吞咽和消化的功能。为了充分了解这两种人体功能，我们必须把吞咽和消化的过程分开来研究，两种功能需要不同的器官，会产生不同的疾病，并且由人体的不同部分来执行。但是同一个身体需要兼具这两种功能，才能吸收到营养，就好像工作也必须兼具计划和执行两个方面一样。

当我们区分计划与执行的同时，如果能够让计划者与执行者合而为一，那么生产力也会大增（更不用说员工态度和荣誉感都会大幅改善）。

——彼得·德鲁克《管理的实践》

每一位组织成员，应该既是规划者，又是执行者。既是上一级地图的参与绘制者（共建者），也是执行者；既是自身地图的绘制者，也是其执行者。

组织成员的参与度越高，认可度就越高，理解力也就越强；其执行的意愿也就越强，执行的能力也会越强。

正所谓"人才是激励出来的，也是培养出来的"。

二、人才激励

本书所说的人才激励，主要包括两个方面：企业激励机制的建立及完善，上级管理者对部属激励能力的提升。

在讲人才激励之前，我们先来看一下，有哪些激励理论可以参考。

有一个著名的理论，叫作"XY理论"。其实质是将人性分为"善"与"恶"两类，然后基于对人性的不同认识，而采取不同的激励方式。

但究竟是人性本善，还是人性本恶呢？其实，对于这个问题应该这样来看：人性中既有善的一面又有恶的一面，两者同时存在于一个人的人性当中，如果善的一面被激发，人性就为善了；如果恶的一面被激发，人性就为恶了。

所以，人性本无"善"与"恶"之分，关键看你激发的是人性中"善"的一面，还是"恶"的那一面。

对于组织成员来讲，每个人都有善的一面，都想把事情做好，都努力追求上进，都追求高绩效……人才激励的关键是要激发人性中"善"的那一面。

还有一个著名的理论，叫作"马斯洛需求层次理论"。该理论认为，一个人的需求包含五个层级：生理需求、安全需求、社会需求、尊重需求、自我实现需求，并且认为这些需求是逐级上升的，即前一级需求被满足了就会追求下一级的需求。根据这个理论，你如果想激励一个人，需要先了解他当前处于哪个需求层级，然后再重点满足这种需求及其更高层级的需求。

当前，职场人士越来越注重满足社会需求、尊重需求和自我实现需求，对于组织成员的激励，我们更应该考虑的是如何满足大家日益增长的社会需求、尊重需求和自我实现需求，以及如何重新定义这些需求。

无论是企业的人才激励机制，还是管理者对部属的激励，都要充分考虑如下两种因素：一是要激发每个人人性中"善"的一面；二是满足现代职场人士日益增长的社会需求、尊重需求和自我实现需求。

对于企业的激励来说，靠的主要还是机制的建设。

一个好的机制，会让组织成员个个奋勇当先、追求上进；一个一般的机制，会让大多数组织成员碌碌无为；一个坏的机制，会让大多数有能力的人选择离开。

企业的激励机制，按性质一般分为物质激励与精神激励，按时间周期分为短期、中期、长期激励。物质激励可分为短期、中期、长期激励，短期激励为季度/月度绩效工资、提成、奖金等，中期激励为年度绩效工资、年终奖等，长期激励为股权或期权等。精神激励又称为非物质激励，类型也多种多样，包括标兵、荣誉勋章、奖状等，涉及的时间周期也涵盖短、中、长期。

为了激励组织成员创造高绩效，国内有些企业（或部分部门及员工）采取了 OKR 绩效管理法；有些企业采取的是 OKR 和 KPI 相结合的绩效管理法；然而，大部分企业采取的仍然是 KPI 绩效管理法。无论是采取 OKR 还是 KPI，关键是要能够激发人性中的"善"及满足组织成员更高层级的需求。

对于大部分采取 OKR 或 KPI 为主的企业，前文（第八章）所说到的"高标准＋高激励"机制（非 100 分制），对组织成员可以起到很好的激励作用：一是可以激发职场人员人性中的"善"——制定高绩效标准，二是可以最大限度地满足组织成员的社会需求、尊重需求和自我实现需求。

对于管理者如何激励部属，笔者提出以下几点建议：

（1）激发部属对自己工作的兴趣、喜欢及热爱；

（2）激励部属制定高绩效标准；

（3）发挥榜样的作用及力量；

（4）认可、赞扬、鼓励等各种精神激励。

三、人才培养

本书所说的人才培养，主要包括两个方面：一是企业人才培养体系的建立及完善；二是上级管理者对部属的培养。

对于人才培养，我们要首先思考两个问题：

（1）人才，是对外招聘好，还是内部培养好？

（2）人才能够培养吗？

针对第一个问题，很多企业总想着从外部招聘人才，从同行挖猎人才，而不是自己去培养。之所以这样，一是人才培养的速度太慢；二是自己的培养能力不足。但这样做会有几个致命弱点：

第一，挖猎的成本太高；

第二，既然他能被你挖猎过来，哪一天他也可能被别人挖走；

第三，挖猎过来的人，未必就能在你的企业存活得久，甚至可能会带来新的管理混乱。

对于一家优秀的企业来说，想要持续发展，自己培养人才才是"王道"。真正优秀的企业，不是生产产品的企业，而是制造人才的企业，是能批量复制人才的企业。

接下来思考第二个问题：人才能够培养吗？

人才培养的目的，是什么？

——提升一个人的能力。

一个人的能力是先天就有的，还是后天习得的？

——后天习得的。

既然是后天习得的，那能不能够培养？

——完全能。

在回答完人才是否能够培养这个问题之后，我们还会遇到一个新问题：人才能否批量培养？

人才的能力，可以标准化吗？

——可以。

既然可以标准化，就可以复制，就可以批量培养。

接下来，我们就要思考如何提升我们的人才培养能力了。

这里有一个组织——学校，可供我们参考。

大家还记得，当你还在读初中或高中的时候，学校是如何培养学生的吗？

首先，每一门学科，都配有一本全国通用的教材，而这本教材是由全国顶尖的该学科的教学专家共同编写出来的；

其次，每一门学科，都配有多位该学科领域的专业教学老师；

最后,每一门学科的每一位老师,都按全国统一的教材教学生(批量培养学生)。

他山之石,可以攻玉。企业完全可以学习并借鉴学校这个组织的人才培养方式及方法:

(1)组织编写各专业及管理领域的统一教材;

(2)建立各专业及管理领域的讲师队伍;

(3)搭建企业的培训管理体系。

这样,就可以实现人才的批量培养了。

也许很多企业会说:"这个我没有,那个我不具备……这是不是很难做到啊?"

如果您也有类似的想法,不妨从下面这篇著名的文章中,看看当年毛泽东与中国抗大的一段小故事,相信能给予您力量与启发。

1939年5月26日,毛泽东在抗大成立三周年纪念时分析了抗大当时面临的问题:"抗大在其逐年的改良进步中间,伴来了若干缺点,它发展了,但困难也来了,主要的是经费不足、教员不足、教材不足这几项。"

面对这些困难,毛泽东的态度是:"共产党领导的抗大,是不怕困难与一定能够克服困难的。在共产党面前无困难,就是因为它能克服困难。"

当时，延安的知识青年大多来自内地，而经济落后的陕北与大城市相比差距很大。抗大的物质条件，也没法和富饶地区城市的学校相比。毛泽东听说有些新学员因为抗大的校舍、设备、教员、教材等过于简单，而或多或少地开始怀疑抗大的教学效果。于是，他在一次讲话中开门见山地说：

"依靠自己，艰苦奋斗，创造条件，办好学校，是革命的优良传统。

"没有房子住，我们自己开山打窑洞。没有教员，我们自己选拔培养，孔夫子说'三人行必有我师焉'，俗话也说'三个臭皮匠顶一个诸葛亮'，现在我们的队伍成千上万，各种人才都有，不论新同志老同志，发现出来便可以选任教员，也可以既当学员又当教员。

"没有教材，我们自己编写，当然要尽力收集和重视参考国内外已有的教材，但革命军队的政治工作和革命战争的战略战术，是不可能靠别人来替我们编写的。

"至于没有教室、桌子、板凳，那么我们就坐在地球上听课，现在大家不都是坐在地球上吗？（当时听报告都是在广场上席地而坐）。"

毛泽东在讲话中最后点明：

"我们的目的是要学习革命道理和抗日本领，而这些是在别处学不到的。"

毛泽东充满革命乐观主义的生动讲话，使得初到延安的青年学员在一片笑声中茅塞顿开，很快树立起正确的学习态度，适应了简朴的学习环境，并以艰苦奋斗的革命传统作风为荣。

——《毛泽东军事箴言》

对于一家企业来说，首先要有人才培养的意识；其次这个能力可以去慢慢提升，不是要你一天建成，而是慢慢积累形成的。没有好的教材，可以先做个简版的，再慢慢完善；没有好的老师，也可先提拔一些，慢慢再提升能力；没有好的培训教室，任何地方都可以开展培训……这就是这段故事给我们带来的启发及鼓励。只要你有这个意识，坚持去做，不害怕困难，一直保持积极乐观的精神，发扬艰苦奋斗的作风，慢慢地，你的能力就会得到提升，你的人才培养能力也会日趋强大。

开发了教材，建立了讲师队伍，建立了培训管理体系，但对于企业的人才培养来说，光有这些还不够。

大家都知道"在游泳中学会游泳""在战争中学习战争"的重要性，除了理论知识的学习，还需要让组成成员更多地到实践中去锻炼，才能真正提升其能力。

除了组织成员自身岗位工作的实践学习，企业还需要建立更多维度及层级的人才培养方案及机制，如轮岗、基层见习、挂职锻炼、述职报告、项目制工作、高层助理，等等。这样，就构成了一个完整的企业人才培养体系。

关于上级管理者如何培养部属，我们可以向篮球教练学习。对于管理者来说，成为教练式管理者越来越重要，尤其是对部属的培养。

有一位知名的篮球教练，他的名字叫约翰·伍登。伍登总结了一套成功的球员教学法，即"讲解、示范、模仿（必要的纠正）、重复"四步法。管理者们完全可以学习借鉴他的方法。

（1）讲解：把你想要表达的思想（知识或技能），对部属说清楚，让他能听明白；

（2）示范：不仅要说给部属听，还需要做示范给他看或演示给他看，让他有更直观的认识；

（3）模仿：让部属自己操作练习（实践），检验部属的理解及掌握程度，如果有偏差，则给予必要的纠正；

（4）重复：以上内容再重复多遍，直到部属能够完全理解及灵活运用为止。

只有经过这样的培养，人才能力才能得到真正的提升。

执行监控

中国有一个非常出名的历史故事——扁鹊三兄弟的故事。故事出自《鹖冠子》卷下《世贤第一六》，原文如下：

暖曰："王独不闻魏文王之问扁鹊耶？曰：'子昆弟三人其孰最善为医？'扁鹊曰：'长兄最善，中兄次之，扁鹊最为下。'魏文侯曰：'可得闻耶？'扁鹊曰：'长兄于病视神，未有形而除之，故名不出于家。中兄治病，其在毫毛，故名不出于闾。若扁鹊者，镵血脉。投毒药，副肌肤，闲而名出闻于诸侯。'魏文侯曰：'善。使管子行医术以扁鹊之道，曰桓公几能成其霸乎！'凡此者不病病，治之无名，使之无形，至功之成，其下谓之自然。故良医化之，拙医败之，虽幸不死，创伸股维。"

在这个故事中，扁鹊说到自己的大哥治的是未病，二哥治的是微病，而自己治的是已病。所以，大哥的医术比二哥厉害，二哥的医术又比他自己厉害。

所谓治未病，就是在你还没得病时，已经看出你快要得病了，并提前给你做了预防，即让你不得病。

所谓治微病，就是当你的病症刚刚显现时，就发现了，并把它治好了。

所谓治已病，就是当你已得病，并且病得不轻的时候，把你的病治好了。

在现实的战略执行监控中，也存在如下三种情况：

事前控制（治未病）：提前做好规划，让问题不发生或减少发生。

事中控制（治微病）：在问题发生的萌芽阶段，就将其解决。

事后控制（治已病）：等到问题已经发生了或已经很严重了，才去解决。

经典的管理的五项职能包括：计划、组织、指导、协调、控制。大家都可以从中看出，计划是管理的源头，控制是结尾。

计划做得越好（越清晰、具体、正确），控制就越可以成为不必要或减少；

计划做得不好（模糊、粗枝大叶、错误），控制再强也得不到好的结果。

把计划做好，后面才会更容易轻松，结果才会更好。

这也是本书告诉大家如何绘制好各级地图（计划）的真正原因。管理的源泉、基础及核心，都是计划。只要做好了各级地图的规划,后面的执行就越来越轻松、简单了。

要采取自我控制的管理方式,就必须彻底反省我们运用报告、程序和表格的方式。报告和程序都是管理上的必需工具,但是我们也很少看到任何工具会如此轻易地被误用……最常见的误用方式是把报告和程序当作上级控制下属的工具,尤其是纯为提供信息给高级主管而交的每天例行报告更是如此。常见的情况是,工厂主管每天必须填20张表格,提供会计师、工程师或总公司的幕僚人员连他自己都不需要的信息。可能还有几千个类似的例子。结果,管理者没有办法把注意力集中在自己的工作上,在他眼中,公司为了达到控制目的而要求他做的种种事情,反映了公司对他的要求,成为他工作中最重要的部分;尽管心里愤愤不平,但是他只好把力气花在处理报表上,而不是专注于自己的工作。最后,甚至连他的上司都为这些程序所误导。

报告和程序应该是填表者的工具,而不能用来衡量他们的绩效。管理者绝对不可根据部属填写报告的品质来评估他的绩效,除非这位部属刚好是负责这些表格的职员……除非报表和工作绩效密切相关,否则不要随便要求下属填任何表格,交任何报告。

——彼得·德鲁克《管理的实践》

在我们以往的战略执行监控过程中,许多企业会通过会议和管理表格来监控各级的战略执行，组织有的是开不完的会、填不完的表格。公司会、部门会，季会、月会、周会，早会、夕会，项目会，协调会……大小会议不断；公司表、部门表、跨部门表，日表、周表、月表……造表、填表、看表，一时间组织中"表哥""表姐"一大堆，大家都在为表工作。仿佛会议与表格越多，企业的战略执行就越能得到保障。

但事实上，过多的会议与表格，不仅会增加企业的管理成本，还会降低组织的效率，让很多人深陷其中、难以自拔。

企业应该把报告和程序保持在最低限度，只有当报告和程序能节省时间和人力时，才运用这项工具，并且应该尽可能简化。

企业应该只采用达到关键领域的绩效所必需的报告和程序。意图"控制"每件事情，就等于控制不了任何事情。而试图控制不相干的事情，总是会误导方向。

——彼得·德鲁克《管理的实践》

如上所述，做好了各级地图的规划，后面的执行就越来越轻松、简单了。

在本书这一节的战略执行监控中，我们不需要那么多的会议与表格，就只需要开一个会、提交一张表。具体如下：

表 9-1 各级地图周执行跟进表

工作事项	衡量标准	负责人	所属部门	协助人	所属部门	完成情况	未完成原因	改善计划	需支持事项	备注
工作事项 1										
工作事项 2										
工作事项 3										
工作事项 4										
工作事项 5										
工作事项 6										
工作事项 7										
工作事项 8										
工作事项 9										
工作事项 10										

（1）地图执行周例会：

——战略地图执行周例会

——部门作战地图周例会

——个人作战地图周例会

（2）地图执行周跟进表：

——战略地图执行周跟进表

——部门作战地图执行周跟进表

——个人作战地图执行周跟进表

（备注：以上战略地图执行周例会与部门作战地图周例会，可合二为一；战略地图执行周跟进表与部门作战地图执行周跟进表，可合二为一。）

参考文献

1.《图解道德经》，傅晚注释，北方联合出版传媒（集团）股份有限公司2011年版。

2.［明］王阳明著：《传习录》，张靖杰译注，江苏凤凰文艺出版社2015年版。

3.［美］彼得·德鲁克著：《管理的实践》，齐若兰译，机械工业出版社2022年版。

4.［美］彼得·圣吉著：《第五项修炼》，张成林译，中信出版社2009年版。

5.［美］罗伯特·S.卡普兰，戴维·P.诺顿著：《组织协同》，博意门咨询公司译，商务印书馆2010年版。

6.［美］彼得·德鲁克著：《德鲁克论管理》，何缨、康至军译，机械工业出版社2019年版

7.［美］彼得·德鲁克著：《知识社会》，赵巍译，机械工业出版社2021年版。

8.［美］迈克尔·波特著：《竞争战略》，陈丽芳译，中信出

版社 2014 年版。

9.［韩］W. 钱·金,［美］勒妮·莫博涅著:《蓝海战略 2：蓝海转型》，吉宓译，浙江大学出版社 2018 年版。

10.《孙子兵法》，陈曦 译著，中华书局 2011 年版。

11.［美］加里·哈默，C.K. 普拉哈拉德著:《竞争大未来》，李明、罗伟译，机械工业出版社 2020 年版。

12. 刘澜:《领导力沉思录》，中信出版社 2009 年版。

13.［明］罗贯中著:《三国演义》，赵勖、刘昱、林子注释，岳麓书社 2009 年版。

14.《毛泽东选集》(第一卷)，人民出版社 1991 年版。

15. 中共中央文献研究室第一编研部:《毛泽东军事箴言》，辽宁人民出版社 2017 年版。